LOS INVISIBLES

José María Merino

LOS INVISIBLES

ESPASA

ESPASA ⓔ NARRATIVA

Directora de la colección: Constanza Aguilera
Editora: Loida Díez

© José María Merino, 2000
© Espasa Calpe, S. A., 2000

Diseño de la colección: Tasmanias
Realización de cubierta: Ángel Sanz Martín
Foto del autor: Imagen Mas
Depósito legal: M. 1.480-2000
ISBN: 84-239-7970-9

Espasa, en su deseo de mejorar sus publicaciones, agradecerá
cualquier sugerencia que los lectores hagan al departamento editorial por correo electrónico: sugerencias@espasa.es

Impreso en España/Printed in Spain
Impresión: Huertas, S. A.

Editorial Espasa Calpe, S. A.
Carretera de Irún, Km 12,200. 28049 Madrid

I

LA HISTORIA
QUE CONTÓ ADRIÁN

Adrián no podía imaginar que aquella misma noche se iba a volver invisible. Sujeto a la vez por la cercanía de experiencias enojosas y vulgares, y por ese sometimiento, quizá melancólico, con que el ánimo acaba asumiendo un pasar cotidiano poco estimulante, era incapaz de sospechar que su vida estuviese pendiente de una asombrosa transformación.

Aunque reconocible y familiar, la noche tenía una vibración misteriosa. En el aire quieto de junio el paisaje relumbraba bajo una luna de cal, de leche, espolvoreada sobre el sendero y las peñas, fluyendo en la lejana y estrecha corriente del río, una luz que afilaba el perfil de las montañas con brillo metálico. En el murmullo incesante del campo nocturno, con el mismo ritmo, concurria el confuso coro en que se mezclaban los ruidos de los pájaros, los sapos y los insectos, y acaso el atisbo del eco fluvial en el fondo del valle.

La noche le devolvía, entre la vaga intuición de tiempo detenido, unos momentos del pasado que había creído olvidados. Adrián recobraba con extrañeza aquel instante y aquel paraje, como si todos los elementos de tiempo y de lugar, los claroscuros, los olores, los sonidos, hubiesen quedado inmóviles en otra ocasión, muchos años antes, para permanecer esperando su regreso.

Adrián no recuperaba sólo un sitio y un instante, sino también una mudanza dentro de sí mismo. En aquel mismo lugar, que Adrián había recorrido tantas veces en el tiempo anterior que evocaba, volvía a descubrir lo que en una noche igual había sentido entonces, cuando comprendió por primera vez que ya no era un niño. Testigo repentino de la verdadera naturaleza de esos espacios que la infancia ignora, había sido consciente de improviso de la distancia entre todos los fragmentos de la noche, de la ajena solidez de la tierra, de la vertiginosa lejanía del cielo y de la presencia de su propio cuerpo, como una parte claramente separada de todo lo demás.

El ensimismamiento de su condición de niño, el sentimiento de ser el único centro de un universo que giraba alrededor de él, de repente había sido sustituido por la sensación de ser sólo una pieza distinta y superflua, y la percepción de la diferencia había dado enseguida paso a una intuición de pérdida, de feroz desgajamiento, como si hubiese sido arrancado de un cuerpo gigantesco en el que antes se integraba con armonía y al que ya no podía unirse otra vez, y supiese que, sin embargo, seguían perteneciendo pacíficamente a aquel cuerpo ajeno los olores de los prados y del monte nocturno, los sonidos de la vida animal, las lejanas estrellas que brillaban entre tanta claridad lunar.

También aquella vez, de muchacho, había contemplado las luces del pueblo escondido en la última oscuridad del valle, y lo disperso de sus escasos brillos, que de niño era sólo para él la señal de las viviendas, le indicaba de manera súbita la presencia de seres tan solitarios y separados como él mismo. Así, la percepción clara de la soledad, de la propia presencia como una pieza aislada, que nunca podría integrarse en lo demás con la naturalidad con que lo hacían los prados y los bosques, las montañas y el firmamento, los grillos en lo oscuro, se presentó otra vez perfecta en su conciencia, y tuvo un inesperado sentimiento de tristeza.

Al principio pensó que había tenido la culpa de su abatimiento la presencia de Sara. Aquella tarde había vuelto a verla tanto tiempo después, y dentro de él se había removido algo de la emoción que sentía al reencontrarla cada año en los veranos de la pubertad.

La emoción adolescente, compuesta también de alejamiento y extrañeza, no se parecía tampoco a ninguna de las que había experimentado en su vida infantil, pues en ella entraban a partes iguales una alegría y una pena antes ignoradas por él, la alegría de recuperar la imagen viva de Sara, de comprobar que sus movimientos estaban hechos de gracia, que su rostro era incomparable, que sus ojos, sus manos y sus labios oscilaban con precisión suave, que su voz tenía una sonoridad singular, que en su olor, cuando la sentía cerca en el beso de salutación, estaba todavía la colonia de la infancia pero también había un aroma único y distinto de todos, y la pena de sentirla ajena, como separada violentamente de él, en una lejanía que estaba formada de la misma materia que lo apartaba de la tierra y del cielo, de los minúsculos rumores cercanos de los bichos y de los brillos remotos de las estrellas, todo lo que estaba alejado de él por distancias que, pequeñas o infinitas, parecían igualmente insalvables.

En aquel tiempo lejano y fronterizo se lo decían muchas veces, con aire severo: ya no eres un niño, Adrián, ya no puedes comportarte como si fueses un niño. Él no respondía nada, pero recibía aquellas advertencias con enojo.

Claro que no era un niño, tenía trece, catorce, quince años. A su edad, nada de lo que pudiera hacer eran cosas de niño, aunque mantuviesen cierto aire de capricho o travesura. Pero hubo un momento, una noche igual que la que estaba viviendo tantos años después, en que había tenido conciencia precisa de lo que significaba no ser un niño, y lo había percibido con una evidencia física, que mostraba su cuerpo y su pensamiento tajantemente separados de todo lo que le rodeaba, para dejarlo aislado y único en el mundo y bastante perplejo, casi asustado de aquella soledad recién inaugurada.

Estaba en una noche que parecía la misma, pero ya no quedaban aquellos chicos y chicas. Se habían reunido, como en otras ocasiones, para celebrar el cumpleaños del abuelo, pero esta vez todos eran hombres y mujeres, y los mayores de entonces, su padre, los tíos, estaban ya al final de la madurez, y habían consolidado esos rostros que la edad parece marcar con un aire de decepción o de tristeza aún más expresiva que el envejecimiento por el tiempo vivido. Los primos habían perdido del todo los rasgos de la adolescencia, aunque todavía quedasen rastros en la costumbre de algunos ademanes, en el soniquete de la voz, en las orejas rojas o las uñas mordidas. Y había llegado Sara, la niña que unos tíos habían adoptado cuando era muy pequeña en un país lejano y exótico.

El reencuentro con Sara le había hecho rememorar sus lejanos saludos adolescentes, cuando toda la familia iba llegando allí para pasar las vacaciones. A Adrián, en aquellos momentos antiguos, el advenimiento de una repentina vergüenza le hacía apartarse de los demás, ponerse a un lado, aunque sin dejar de verlos, de mirarlos con ansia secreta, mohíno, esquinado en un equilibrio difícil entre la atracción y la huida, empeñado en la paradoja de escamotear la visión más anhelada.

—¿Cómo estás tan callado, Adrián? ¿Por qué no vas con ellos? ¿Te pasa algo? —le decía alguna vieja criada fisgona.

Él movía los hombros desconcertado, cazado, admitiendo con su vago ademán de derrota la justeza de aquel testimonio, antes de intentar reparar el descuido con una estricta negativa y aire de fastidio.

—¿Qué me va a pasar? No me pasa nada de nada.

La mujer se echaba a reír.

—Tienes cara de don Ido, de amor no correspondido.

Adrián se apartaba de ella, furioso. A lo largo del resto de la tarde, su voluntario alejamiento de los demás se convertiría en una barrera que, al llegar la noche, le parecería cada vez más difícil de atravesar, y al fin alcanzaría a reconocer, con un despecho que tenía la apariencia de la resignación, aunque un sabor demasiado ácido, que Sara no iba a acercarse a él, y que aquella separación persistentemente mantenida no significaba que quisiese darle celos, sino que su presencia era para ella insignificante. Y a cada minuto que pasaba, aquella indiferencia se le mostraba más evidente, y al comprobarlo sentía dentro de sí una complacencia extraña, sin duda malsana, porque estaba hecha del tenebroso placer de la desolación.

Sara había venido desde París, y Adrián, cuando se saludaron, le había dicho que, de todos, ella era quien más mérito tenía.

—Yo quiero al abuelo como si fuese de mi sangre, o más.

Se habían besado en las mejillas con besos chasqueantes, los mismos besos de la infancia. Pero Sara ya no olía a colonia de limón sino a un perfume más denso, y Adrián volvió a sentir un eco de los lejanos zarpazos que le arañaban en el pecho al verla tantos años antes, y ese eco fue la primera señal de retorno de un sabor y un sentir de tristeza adolescente.

—Me contó el primo Fernando que estás escribiendo un libro.

—Bueno, estoy intentando hacer la tesis doctoral.

Sara se echó a reír.

—Ya veo que te has hecho un hombre serio.

La risa de Sara resonó en la risa de Adrián, reproduciendo el eco de la antigua fascinación.

—Cuando éramos chicos, una vez me propusiste que me escapase contigo.

Sara se lo había dicho de pronto y él se sintió seguro ante ella por primera vez en su vida.

—Estaba muy enamorado de ti, pero tú no quisiste enterarte. Nunca he vuelto a sentir lo mismo por ninguna otra chica.

Lo había confesado sin esperarlo él mismo, pero Sara pasó con elegancia por encima de aquella declaración retroactiva.

—¿Ni siquiera por esa novia que me han dicho que tienes?

Adrián volvió a reírse y no contestó. En aquellos momentos, el recuerdo de María Elena no suscitaba en él ninguna ternura. Antes del viaje habían tenido una discusión que era la crisis final de una temporada de frecuentes altercados. Evocó a María Elena mirándolo sin afecto, cerrando la puerta con ira, como si quisiese machacarlo contra el quicio, en una imagen furiosa, llena de animadversión, que se sorprendía de asumir con más extrañeza que pena. Mas prefirió no traicionar del todo su recuerdo, y al fin, sin perder el aire burlón, repuso que era una pregunta indiscreta.

—Son amores distintos, Sara —dijo entonces el primo Fernando, que los oía—. Aquellos enamoramientos ya no pueden repetirse, porque cuando somos adolescentes estamos completamente locos.

Al principio, todo había transcurrido con esa precisión grotesca que parecen tener los sucesos exageradamente rutinarios: los saludos familiares, los abrazos al abuelo, las palabras confusas y los besos un poco ensalivados con que él iba recibiendo a cada uno.

Cuando terminó la merienda, la luz directa del sol continuaba sobre el horizonte del sur, río abajo, e iluminaba todavía con fuerza las crestas que rodeaban la terraza montuosa en que estaba la casona.

En aquellos días tan largos, la luz del lugar, en contraste con la claridad que se mantenía en los montes y en la vega, perdía su estridencia para adquirir una tonalidad azulada y espesa, y aquella sombra progresiva, bajo el reverbero brillante del sol que permanecía en las alturas rocosas, desdibujaba la atmósfera cercana y le daba una apariencia de paraje soñado.

Y se hizo de noche. La tía Paula intentaba que el abuelo se acostase, pero él insistía en que había que encender la hoguera. Haber nacido la noche de San Juan era una de las circunstancias de su vida que le hacían mostrarse más ufano, con el orgullo de haber recibido algún raro don originario. Y como alguien había amontonado leña en la explanada de detrás de las cuadras, abandonadas varios años antes, se encendió una hoguera y el fuego enseguida se hizo grande y tan caluroso, que todos debieron apartarse muchos metros. Solamente cuando las llamas se hubieron aplacado se pudo hacer la rueda alrededor, para bailar al corro mientras intentaban cantar algunas de las canciones de la noche, y Adrián pensaba que la poca convicción festiva envaraba sus ademanes y les daba a todos un aire forzado y ridículo.

Los mayores estaban seguros de que era el último cumpleaños del abuelo, y aquel vaticinio luctuoso prevalecía sobre la actitud de festejo, mientras retrepado en el sillón de mimbre, con la cacha entre las manos, el abuelo los observaba con aire absorto, como si fuesen para él una imagen curiosa y ajena, y sus ojos turbios, asimétricos entre las arrugas del rostro, reflejaban acuosamente el fuego de la hoguera.

En el corro, Adrián había coincidido al lado de Sara, pero antes de que hubiese agarrado la mano de ella, Fernando se interpuso, como si hubiesen vuelto a la adolescencia y ejerciese sin contemplaciones su autoridad de primo mayor.

—Vamos, chaval. La antigüedad es un grado.

Y por fin habían llevado al abuelo a su alcoba, y como la noche era tibia y sin nada de aire, habían sacado asientos, y se habían congregado delante de la casona, sentados bajo el blancor lunar, de cara a las lejanas lucecitas del pueblo.

Los últimos momentos de Adrián como ente visible habían sido aquellos, y luego permanecerían en su memoria como imágenes muy precisas. A un lado de la puerta, alrededor de una mesa de resina que reflejaba con pureza la luz de la luna, se habían colocado todas las mujeres con el marido de la prima Mercedes, y empezaron a jugar una partida de cartas con palabras breves y lentos ademanes. Al otro lado de la puerta, alineados contra la fachada, se sentaban los demás hombres y Sara.

Fernando y Sara estaban un poco apartados y él se dirigía a ella en voz muy baja, con una expresión de intenso interés en su rostro y un ademán forzado en su cuerpo, que le daba aire de sumisión. Sara lo miraba fijamente, con los ojos entornados y el mentón alzado, como complacida de asumir aquella especie de entrega.

Y Adrián lo veía todo sosteniendo una copa de aguardiente como un apoyo más mental que físico, percibiendo sin pena, en una comprobación que no afectaba ya a los sentimientos, que en la disposición del conjunto se repetía algo de su apartamiento de las noches antiguas.

Tuvo entonces la revelación ingrata de que la fervorosa concurrencia familiar con que se había querido conmemorar el cumpleaños del anciano no obedecía sólo al afecto, sino también a motivos menos generosos, pues los mayores habían empezado a murmurar sobre ciertos asuntos relacionados con él que parecían preocuparles mucho, y que no tenían nada que ver con su salud. Los rostros de los mayores, perdido el aire festivo de la tarde, habían adquirido esa tensión que parece la mueca adulta de la vida diaria, y torcían la boca mientras hablaban de patrimonio, acciones, cuentas, bienes que el abuelo tenía solamente a su nombre, y de cierto empecinamiento del viejo que podía salirles muy caro a todos.

Las voces individuales se fueron fundiendo en una voz coral donde se iban depositando sucesivos testimonios, esas rotundas exageraciones con que se intenta justificar la virulencia de las ofensas menudas. El anciano manso que había presidido hacía poco el corro de la hoguera encendida en su honor por sus hijos y nietos, era ahora en aquellas bocas sólo un viejo cerril que se empeñaba en fastidiarlos. Respiraban contra él un resentimiento donde parecía haber pocas señales cariñosas, y Adrián pensó que la velada se estaba envenenando, como si de repente se hubiera infiltrado un aire maléfico y mezquino bajo la placidez de la noche.

La conversación lo turbó mucho. La negativa de su madre a ir al cumpleaños, los largos reproches de María Elena por abandonarla aquel fin de semana, todas las pequeñas fricciones domésticas que había enconado por asistir al homenaje, se le mostraban con la ridícula evidencia de esas congojas inútiles que se sufren por la inadvertencia que acarrea la propia candidez. Dejó la copa en el suelo, se puso de pie y habló, poniendo en su voz un tono de rechazo.

—Yo voy a dar un paseo hasta el bosque.

—Nosotros también vamos.

Fernando y Sara se habían levantado a la vez y lo seguían en silencio. Llegaron los tres al sendero y echaron a andar cuesta arriba. Pero el caminar de los otros dos era tan lento, y seguían tan enfrascados en los murmullos de su charla, que muy pronto el ritmo de los pasos de Adrián lo fue separando de ellos, mientras seguía el sendero a la luz de la luna que acababa de aparecer por encima del único monte cuyo nombre creía recordar. Luego encontró la gran peña blanca que se alzaba junto al sendero, como un mojón gigantesco, y también el topónimo se le vino a la cabeza en una súbita iluminación. Una noche igual a otras, tantos años antes vividas, se desplegaba exacta delante de él, incluso con los nombres de las cosas.

Adrián continuó andando un rato, antes de volverse para mirar las figuras de Fernando y de Sara, que seguían ascendiendo con lentitud, muy cercanos ya a la gran peña blanca. Desde donde se encontraba, le parecía ver aún el tenue resplandor rojizo del rescoldo de la hoguera, tras el bulto de la casa del abuelo, empequeñecida como una de las construcciones de un belén. Todavía mucho más abajo, las farolas y las ventanas del pueblo creaban un pequeño núcleo luminoso en la oscuridad del valle, bajo un cielo cuya claridad no apagaba el sólido brillo de los astros.

Fue precisamente entonces cuando Adrián había recuperado la antigua aflicción adolescente con una percepción física precisa como la molestia de una herida o el tirón de un esguince, un abatimiento que acaso permanecía dentro de él, convertido en una forma de ser, en una costumbre tan arraigada que ya se había olvidado de sentirlo con la intensidad del momento en que lo descubrió.

Evocó con extrañeza el tiempo de la infancia. Ser niño había sido mucho más fácil, pues si fuera todavía niño, estaría con los primos junto al rescoldo de la hoguera jugando acaso con petardos y cohetillos a la emoción de la pólvora, y no habría tenido nunca todavía la sensación tan fuerte de estar separado, o mejor arrancado, del resto del mundo. Pero allí estaba otra vez, pasados ya los veinticinco años de edad, para reencontrar sorprendido aquellos desconciertos primeros y comprobar con cierto desasosiego, en que permanecía algo de su actitud adolescente, tan lejos de las viviendas humanas y tan cerca del gran silencio de las montañas, su condición de parte separada de todo lo que le rodeaba, que aquel murmullo de los bichos nocturnos parecía acrecentar.

La tristeza estaba también cargada de otras percepciones ingratas, la mezquina charla en que había dejado enfrascados a los mayores, el recuerdo de María Elena, recuperado en el saludo de Sara, y que como consecuencia del proyecto de aquella visita a la casona había mostrado hacia él el esplendor hosco de una actitud cargada de resentimiento, que había ido creciendo en los últimos meses. Una María Elena hiriente, agresiva, que a lo largo de los días anteriores al viaje le había llenado de censuras.

—Entendería que fueses porque te dijesen que se había muerto, pero a su cumpleaños, ese viaje para el cumpleaños de un anciano de más de noventa años que está medio lelo en una silla de ruedas, eso es una ridiculez, una cosa infantil.

Aquel mismo viernes había una reunión en casa de una de las colegas y amigas de María Elena, y ella no quería perdérsela por nada del mundo, ante la noticia de que iban a asistir algunas personas de su medio profesional que estaba deseando conocer.

—Tendrás que ir tú sola, María Elena, de veras que yo no puedo faltar a lo de mi abuelo.

—Piénsatelo bien, porque ya estoy bastante harta de tus originalidades.

—Va a estar toda la familia, compréndelo, es un homenaje sentimental.

Una María Elena cada vez más furiosa.

—Ya llevamos juntos más de dos años, y casi me has apartado de mis amigos.

—Pero yo no te impido que los veas cuando quieras.

—¿No vivimos juntos tú y yo? Tú eres mi pareja, y tienes que acompañarme a donde vaya, y más a una fiesta como ésta.

—No hay más que hablar. Esta vez no puedo.

—Pues yo iré, claro que iré, pero no sola, te lo advierto. Ya estoy harta de que me dejes plantada cuando más te necesito.

Todas aquellas palabras resonaban en su memoria con exactitud. Inesperadas, aún no habían sido asumidas del todo por él, como una extraña revelación que necesitaría ir descifrando poco a poco.

Se detuvo, como se había quedado quieto delante de María Elena, sin saber qué decir, en el pasillito que unía la cocina con la sala. Pero ahora estaba en una divisoria del lugar, donde una lengua de cascajo que brillaba como nieve sucia interrumpía bruscamente los prados, antes de que se alzase la sólida espesura del bosque.

L o sucedido en el bosque a partir de aquel momento quedó marcado en la conciencia de Adrián como una sombra que, aunque perteneciese a esos espacios interiores construidos con una solidez casi biológica, parecía una memoria que le hubiese sido impuesta, un recuerdo impersonal que le había sobrevenido imperiosamente y que no podía evitar.

El recuerdo se componía de dos impresiones superpuestas y diferentes: una, ambigua, espectral, con el fulgor evanescente de las fantasías de la duermevela; y otra, nítida, precisa, señalada por pequeños detalles que aseguraban su verdad.

Sus pasos por el sendero le fueron llevando ladera arriba, hasta el lindero de la espesura. El abuelo y los otros mayores se mostraban muy orgullosos de aquel bosque, donde decían que se encontraban árboles raros, propios de países situados mucho más lejos, en el centro y el norte de Europa. Árboles con el prestigio de los bosques hiperbóreos, escenarios propicios al desarrollo de sucesos maravillosos, habitación natural de los seres que el sol del sur haría desvanecerse demasiado fácilmente.

De su condición de niño y muchacho le quedaba a Adrián la ignorancia de la clase y familia de aquellos árboles, que si pudiese verlos a la luz del día sería incapaz de reconocer, y cuyas formas concretas apenas barruntaba entre la oscuridad, como nunca había distinguido bien la llamada de los sapos del canto de ciertas aves nocturnas. Con los años, aquella ignorancia se había convertido a sus ojos en un vacío que sin duda le hacía desconocer muchas más cosas, y que acaso hacía imperfectos sus recuerdos y muy superficiales algunas de sus experiencias.

Pero el bosque mostraba su mole y dejaba exhalar ese aliento fresco y húmedo, esa respiración de enorme bestia fría. Los murmullos de la noche habían cambiado, porque el bosque les daba una resonancia lánguida y un poco triste. Un pájaro también desconocido lanzó varios chirridos en el fondo de la espesura. La luna proyectaba la sombra de su cuerpo sobre el sendero, la sombra le iba precediendo como un compañero silencioso, y en la memoria se superpondrían un bulto fantasmal que apenas se adelgazaba y oscurecía en aquella prolongación movediza, y la masa concreta de su cuerpo, llevándole por entre los grandes conjuntos de árboles que el sendero iba sorteando.

El pájaro volvió a chirriar. El canto estaba compuesto por dos largos graznidos, uno estridente como un grito, el otro entrecortado como un cacareo. El canto se repitió varias veces, y luego el pájaro guardó silencio de nuevo.

Adrián se había detenido, porque la interrupción del canto del pájaro había coincidido con un repentino silencio sin murmullos, como si todas las pequeñas criaturas de la noche se hubiesen puesto de acuerdo para callarse. Adrián miró a la espesura sombría, hacia el lugar de donde había provenido el canto del pájaro, y luego su memoria establecería, así en lo ambiguo como en lo preciso, la referencia de una luminosidad separada de la luz calcárea o lechosa de la luna, un resplandor localizado entre los árboles que destacaba sobre el resto del lugar, como si en aquel paraje hubiese alguna superficie azulada que concentrase la luz de la luna en el haz de un reflejo.

En la oscuridad de la espesa vegetación el resplandor destacaba tanto, que Adrián se quedó contemplándolo un rato. Un resplandor bien perceptible, inevitable, que entraría en los ámbitos de su memoria con la imprecisión de un reflejo y la firmeza de un foco emisor. Y Adrián dejó el sendero para aproximarse al lugar.

La vaga blancura de la luna sólo permitía que cuajase entre los grandes árboles una claridad intermitente, engañosa, hecha de repentinas franjas que aparecían y se desvanecían ante el avance de Adrián, y el suelo del bosque estaba lleno de matorrales que dificultaban su paso y de zarzas que se le enganchaban en la ropa.

En varias ocasiones, la marcha se hizo tan difícil que estuvo a punto de tener que retroceder, pero una inercia un poco caprichosa, más fuerte que su incomodidad, le obligaba a continuar, y su proximidad le hacía advertir nítidamente que el resplandor iba siendo más fuerte, hasta que estuvo a pocos pasos del sitio, para descubrir que no era la luz de la luna reflejada en alguna superficie brillante, sino un punto preciso que irradiaba su propia luz. Y aunque la seguridad de aquella visión también quedaría en el recuerdo de Adrián como una mera ilusión propiciada por una mirada titubeante, por fin pudo distinguir entre la maleza una ramificación que brotaba del suelo, una especie de filamento brillante con una firme incandescencia azulada.

Adrián había llegado junto al objeto, para comprobar que se trataba de una especie de planta rematada por una flor. Una planta ya exacta en su recuerdo con todos sus de-

talles, y desfigurada al mismo tiempo en el mismo recuerdo como una visión imaginaria, en un juego de imágenes contradictorias que ya no dejarían de mantenerse
dentro de él en inseparable complementariedad. Una flor
sostenida por un largo tallo cubierto de hojas menudas.

Toda la planta estaba encendida con aquella irradiación azulada y fría, y parecía pertenecer más al mundo de
la electricidad y sus extraños fenómenos que al vegetal,
pero ambos mundos estaban en ella, la disposición de
planta natural inclinada para facilitar una posible polini-
zación, junto con la apariencia de objeto fabricado, una
joya acaso exagerada y suntuosa. En la parte de la flor, nu-
merosos pétalos triangulares y pequeños rodeaban una
ancha corola de brillo movedizo, más suave y fuertemente
azulado.

Adrián no recordaba todavía una antigua leyenda que,
de niño, había escuchado muchas veces. Pero más adelante pensaría que, aunque su memoria hubiera sido capaz de descifrar en aquel momento el nombre de la figura
que veía, no hubiera retirado la mano, no hubiera dejado
de intentar tocarla, aunque luego la conciencia de realidad
y la intuición fabulosa se mezclasen de tal modo dentro de
sus recuerdos.

Extendió la mano para tocar la flor, para sentir el tacto
de aquellos pétalos de brillo y forma diamantina, y como
anuncia la leyenda, tal como los viejos relatos lo mencio-
nan, esa leyenda que le habían contado cuando era niño y
las historias fabulosas sobre aquella flor que en aquel momento permanecían inertes en algún lejano anaquel de su
mente, en el momento en que las yemas de sus dedos los
rozaron, se produjo en la flor una inesperada metamorfosis.

En el recuerdo confuso y en el recuerdo preciso, los
movimientos de la flor coincidirían en sus secuencias y en
su ritmo. La suavidad azul de la corola se desvaneció y la

corona de pétalos se abrió de repente, como partida en dos, y un instante después Adrián sintió que algo se ceñía con un fuerte apretón en lo más alto de su antebrazo, causándole una fuerte escocedura, y pudo ver que la corola de la flor quedaba en aquel punto, justo bajo el codo, fija como una pulsera, y que el tallo de la flor se enroscaba también todo a lo largo de su antebrazo, incrustándose en su piel, hasta que su extremo inferior parecía fundirse con el dorso de la mano.

Adrián percibió en el brazo un frío extremado, como si de pronto hubiese quedado sujeto dentro de un bloque de hielo, y el recuerdo de aquel frío se reproduciría en su brazo siempre que lo recordase, y la blanca y violenta luz pasó a su brazo y a todo su cuerpo, en un resplandor que durante unos instantes fue tan fuerte que él lo pudo ver a través de la ropa, como si en todos sus miembros hubiese ocurrido la combustión que había irradiado aquella explosión azul. Y luego todo fue oscuridad, porque la luz se desvaneció para quedar sólo como una levísima marca fosforescente sobre su piel, y ya no sentía frío, aunque persistía la sensación de escocedura.

Adrián estuvo un rato quieto en la oscuridad, mientras el escozor se iba atenuando poco a poco, sin saber entonces, cuando el suceso acababa de tener lugar, precisamente entonces, si había sido una experiencia real o el resultado de una serie de sensaciones y deslumbramientos. Una secuencia de imágenes alternativas, la una llena de exactitud y la otra de confusión, convertirían esa duda en la forma que desde entonces tendría el suceso en su recuerdo.

Al fin echó a andar, retrocedió, atravesó la espesura para buscar un claro del bosque, intentando percibir mejor a la luz de la luna aquella señal en su brazo, imaginando que no había sido otra cosa que el roce de una planta urticante. Pero incluso en un lugar mejor iluminado consiguió ver muy poco, y su brazo apenas era una masa desvaída, aunque alrededor se marcaba un fino trazo fosforescente.

Adrián escuchó otra vez el murmullo de la noche que antes había parecido interrumpirse, otra vez el canto formado por un quejido y un cacareo, y un poco aturdido por aquel hallazgo doloroso, buscó la manera de salir del bosque y de regresar al sendero que debía devolverlo a la vieja casa familiar.

L a entrada en el bosque había sido dificultosa, pero la salida lo fue aún más, pues no sólo debía atravesar la maraña de zarzas y matorrales, sino controlar la impaciencia que se había suscitado dentro de él, la irritación hacia sí mismo por aquella breve incursión casi a ciegas que se le había ocurrido hacer en un terreno tan poco accesible.

Se había metido en el bosque de noche, sin tener por qué, sin motivo y sin una luz, como un imbécil, se había ortigado y era muy posible que se hubiese desgarrado la ropa. Pensaba que si la infancia y la adolescencia le parecían tiempos remotos y perdidos, se había comportado como un niño, y la puerilidad de su comportamiento le hacía avergonzarse.

Al fin consiguió salir al sendero y echó a andar cuesta abajo, hasta que la visión del bulto de la casona, que establecía un volumen denso y concreto sobre la oscura lejanía del pueblo y sus dispersas lucecitas, le devolvió la serenidad, reconciliándolo con su pequeña aventura.

Su incursión en el bosque a la busca de un resplandor, para acabar enganchándose los pantalones y arañándose el brazo, había sido una especie de escapada de los pequeños incidentes ingratos de aquellos días y de aquella repugnante avidez familiar que poco antes había presenciado. Al fin y al cabo los bosques son así, un conjunto enmarañado de grandes y pequeñas especies vegetales que, aunque sea más razonable visitar de día, también en la noche ofrecen la gracia de su silvestre perfección.

Por qué no aceptar como una idea adulta que se le hubiese ocurrido dar aquel paseo, para alejarse del impudor y la malevolencia de los mayores. Él había ido a la casona con el propósito sincero de darle una alegría al abuelo, y le parecía que el abuelo estaba disfrutando del homenaje. Todo lo demás era accesorio, y pertenecía a ese ejército irreductible de los pequeños sinsabores que nos acecha continuamente desde los recovecos de lo cotidiano.

La luna seguía poniendo en el sendero mucha claridad, y Adrián bajaba a buen paso. Así, pronto se encontró a la altura de aquella gran peña blanca que marcaba el punto medio del recorrido. La peña con un nombre bien recordado, bajo las cumbres cuyo nombre tampoco había olvidado del todo. Alrededor de él, la geografía recortada de montañas de cuento, que habían señalado el horizonte nocturno de tantos veranos antiguos.

Un bulto a un lado de la peña y un oscuro rumor de palabras le habían advertido de la presencia de Fernando y Sara, y se aproximaba a ellos sin cuidado, sobre la hierba del prado. Sin embargo, las voces dejaron de oírse mientras él acababa de acercarse, como si su presencia les hubiese hecho guardar silencio.

Adrián no dijo nada. Estaba ya muy cerca de ellos, y a la luz de la luna que hacía resaltar muy bien sus cuerpos contra la superficie clara de la peña pudo ver que eran Fernando y Sara, como había supuesto, pero que en aquel momento no estaban en actitud de conversar. Ceñidos en un abrazo, Fernando y Sara se estaban besando con ansiedad. Un beso lento, muy doblados los cuellos para que las bocas se ajustasen mejor. Adrián quedó delante de ellos, con mudo asombro, y comprobó que las posturas y el aspecto de la pareja mostraban además que los besos estaban acompañados de otras caricias. Bastante incómodo por haber llegado hasta allí sin que ellos lo sintieran, Adrián permanecía quieto, indeciso, incapaz de controlar todavía muy bien los efectos de su sorpresa.

Fernando y Sara se apartaron entonces de la peña, buscando otra postura, y Adrián pensó que en su giro era imposible que no hubiesen advertido su presencia, pero ellos no mostraron que les importase. Sara se había tumbado sobre la hierba, boca arriba, y Fernando, de rodillas entre sus piernas, se reclinaba encima de ella.

—Fernando, vamos a dejarlo —exclamó Sara—. Esto no está bien.

—Claro que no. Yo estoy casado y tú tienes novio.

—Vamos a dejarlo, anda.

—Pero esto no tiene nada que ver con ellos, Sara. Esto pertenece a aquellos años.

Sara lanzó una especie de queja tenue que era como un suspiro.

—¿No te acuerdas? —murmuró Fernando—. La primera vez fue aquí mismo, una noche como esta.

—Acércate más.

—Sigues tan preciosa como entonces. No sé cómo puedo vivir sin ti.

—Acércate más, ven aquí. Me voy a poner perdida la ropa.

Adrián se separó de ellos y continuó su descenso. Sopesaba su enorme ingenuidad y su falta de perspicacia adolescente, admirándose también de que Fernando hubiese sabido guardar el secreto con tanto cuidado. Al parecer, Fernando y Sara habían vivido situaciones como aquella en los lejanos tiempos de la pubertad, sin que él hubiese tenido ni la mínima sospecha de ello. Por una parte, el descubrimiento le molestaba, pero por otra le hizo sentirse liberado de un viejo pesar, pues la atracción de Sara hacia Fernando se mostraba como la razón de la falta de interés con que Sara le había mirado a él durante todos aquellos años.

Estaba ya más cerca de la casa y le pareció oír el eco de algunas voces, y cuando se hubo aproximado un trecho mayor pudo ver la silueta de la tía Paula en medio de la senda, y oyó su voz, con un deje que ni siquiera en el grito dejaba de ser lastimero, diciendo algo que no pudo entender hasta haber descendido un poco más. Luego fue descifrando lo que la mujer decía. Les llamaba a los tres, anunciaba alguna alarmante incidencia en la salud del abuelo

Adrián estaba cada vez más cerca de la tía Paula, y su propia figura debía de ser ya claramente reconocible en el sendero, pero ella seguía gritando los nombres de los tres.

—¡Fernando! ¡Sara! ¡Adrián! ¡El abuelo se encuentra mal! ¡Volved!

Adrián se detuvo al lado de la mujer, pero ella no dejó de vocear, muy apremiada por un indudable nerviosismo. Adrián comprendió que el anuncio era acuciante y, sin decir tampoco nada, echó a correr para llegar cuanto antes a la casa, mientras la tía Paula continuaba llamándole con los otros, como si quisiese ignorar que lo había visto pasar a su lado.

Delante de la fachada del edificio, las sillas denunciaban un desorden que a Adrián le pareció patético, testimonio sin duda de la alarma repentina que había dispersado a los contertulios, y sobre la mesa circular algunas cartas, sin sentido ya en un juego, mostraban sus figuras como augurios inescrutables. En el gran vestíbulo, su padre, el tío Antonio y el marido de la prima Mercedes, agrupados delante del enorme espejo de ancho marco negro, hablaban muy serios entre susurros. En aquel momento Adrián intuyó en la escena algo incongruente, que no acabó de identificar. Pero ellos estaban tan absortos en su charla, que ni siquiera le miraron cuando atravesó la estancia para subir las escaleras, en dirección al cuarto del abuelo, a lo largo de las paredes oscuras donde las flores que pintaba la tía Paula mostraban sus formas enormes y sus colores llamativos.

El dormitorio de los abuelos, un escenario vedado para los juegos infantiles, un espacio de implacable respeto al que sólo se accedía por rigurosa invitación, tenía una antecámara con una pequeña mesa escritorio, el sillón de mimbre que el abuelo había utilizado siempre para descansar y leer, y varias sillas muy delicadas, incrustadas de nácar y otras materias preciosas, finas como las manos de la abuela, la única imagen que le quedaba a Adrián de su memoria susurrante y menuda. Allí estaban reunidas las demás mujeres de la familia. Sin hablar, mostraban en su actitud esa mixtura de indeterminación y conformidad que precede a la muerte largamente esperada de un familiar. Tampoco le saludaron cuando Adrián pasó ante ellas, y él entró sin decir nada en la alcoba del abuelo.

El bulto del abuelo parecía insignificante en el lecho matrimonial, pero su rostro sobresalía mucho, apoyada como estaba la cabeza en dos grandes almohadas, abriendo entre ellas una oquedad de violenta tersura. La luz de la mesita, muy endeble, atravesaba apenas el pergamino de la pantalla, y la iluminación rala y amarillenta ponía aún más verdoso el rostro del enfermo. El abuelo tenía los ojillos abiertos y movía los labios como si estuviese hablando consigo mismo, o rezando una oración.

Adrián llegó junto al lecho y lo llamó:

—Abuelo, abuelo.

A Adrián le pareció que los ojillos del abuelo buscaban su rostro, pero enseguida pudo apreciar que perdían la orientación y hasta el sosiego. Los ojillos abandonaban su inmovilidad e iniciaban un ligero vaivén.

—Abuelo, soy yo.

Adrián había acercado más su cara a la cabeza del anciano. En los iris del abuelo, que giraban a un lado y al otro entre el brillo mucoso de las córneas amarillentas, había una intención incomprensible, una expresión que podía parecer asustada.

—Abuelo ¿qué te pasa? ¡Soy yo, Adrián!

El abuelo había alzado la cabeza. El gesto tensaba como cables los tendones de su garganta, y dejaba flotar sobre las grandes orejas peludas unos cuantos cabellos finos y desiguales en que parecía concentrarse el signo de la indefensión. El abuelo había sacado las largas manos flacas y morenas fuera del embozo, y Adrián alargó la mano que se había dañado en el bosque y agarró uno de los brazos del anciano, percibiendo con sorpresa su extrema delgadez. En aquel momento, el abuelo comenzó a lanzar grandes voces espantadas, tan agitado que era apenas capaz de modular lo que parecía una petición de ayuda.

—Abuelo, soy yo, tranquilízate, estoy aquí, a tu lado.

Sin dejar de lanzar aquellos aterrorizados alaridos, el abuelo soltó el brazo de la mano de Adrián con un fuerte tirón. Las mujeres habían entrado en la alcoba y se precipitaban sobre el lecho del enfermo, intentando interpretar sus confusas voces. Enseguida llegaron los hombres. Al fondo del corredor se oyó el repentino estallido de un violento lloro infantil, y la mujer de Fernando salió a toda prisa.

—No sé qué le ha pasado —dijo entonces Adrián—. Cuando entré, estaba despierto y hablaba.

the other came in and are scared by Adrián's voice

Todos se volvieron al oír su voz, y miraban hacia él con desorientación y una extrañeza que reproducía el gesto temeroso del abuelo cuando le había hablado por primera vez.

—Sólo le hablé, le hablé y le agarré de un brazo —añadió Adrián—, pero se alteró muchísimo.

En aquel mismo instante, la prima Mercedes cayó de rodillas y se puso a llorar.

—¿He hecho algo malo? —preguntó Adrián.

El tío Antonio dio unos pasos lentos, acaso cautelosos, en su dirección, y pronunció a gritos unas palabras tan arcaicas, desusadas, impropias de los tiempos, que Adrián creyó que era víctima de un acceso de demencia.

—*Vade retro!* —gritaba el tío Antonio, con el rostro muy enrojecido—. *Vade retro!* ¡Apártate, satanás!

—¿Pero se puede saber qué te pasa? ¿Es que te has vuelto loco?

Como impulsados por un delirio de la misma naturaleza, todos los componentes del grupo se pusieron a vocear. La prima Mercedes, que se había alzado del suelo, arrancó el crucifijo que colgaba sobre la cabecera del lecho, y lo agitaba mirando hacia donde estaba Adrián, exclamando algo que él no pudo entender entre el confuso griterío.

Asustado también por el evidente rechazo que manifestaba la unánime conducta de sus parientes, Adrián retrocedió y salió de la alcoba. Al fondo del corredor se oía la voz de su prima intentando tranquilizar a la niña que lloraba. Adrián descendió las escaleras sin comprender lo que estaba sucediendo. En las paredes del vestíbulo se dispersaban también las pinturas de la tía Paula, casi todas orquídeas enormes, unos cuadros que un viejo amigo marchante vendía en algunas ciudades del sur de los Estados Unidos.

Mientras cruzaba ante el gran espejo del vestíbulo, la sensación de algo extravagante reclamó la atención de

Adrián como lo había hecho al entrar en la casa, y volvió el rostro para intentar descubrir el motivo.

De niño, en las horas de la quietud de la siesta o en ciertos momentos de soledad, Adrián había permanecido muchas veces de pie ante aquel espejo cuya luna deformaban franjas plateadas y rojizas como las algas de una corriente acuática. En aquellos tiempos favorables a los ensueños, Adrián se imaginaba las escenas que el espejo debía guardar en su interior, pues el abuelo proclamaba con orgullo que aquella pieza era contemporánea de *Las Meninas,* y que había adornado un salón del viejo alcázar de los reyes, en Madrid. Pero aquella noche, la antigüedad que tantos años antes estimulaba su imaginación no le suscitó ninguna idea, ni apreciaba la profundidad del tiempo que había ido ayudando a formarse aquellas nubecillas mohosas, aquellas opacidades abisales. Pues pudo apreciar con sobresalto que su figura, que tendría que mostrarse claramente en la mitad justa de la parte inferior de la superficie azogada, no se reflejaba.

Adrián avanzó hacia el espejo y la imagen estática de los muebles y las pinturas, enmarcando una estancia totalmente vacía, sin presencia humana alguna, no sufrió modificación. Alargó una mano para tocar el cristal y entonces fue consciente, con sorpresa, no sólo de que el espejo, tan palpable y sólido a su tacto, no reflejaba su mano ni ninguna otra parte de su cuerpo, sino de que él mismo, en la parte exterior del espejo, fuera de su superficie, apenas podía ver su brazo y su mano sino como bultos borrosos, de un azul pálido. Sin duda la rutina de la costumbre, y la pobre iluminación del bosque y de la alcoba del abuelo, le habían impedido advertir antes aquel fenómeno.

Estuvo un rato quieto ante el espejo, y luego hizo algunos ademanes con los brazos y se movió buscando ángulos de reflexión diferentes, pero al fin tuvo que aceptar que el espejo no recogía su presencia, no reflejaba nada de sí

mismo, como si todo su cuerpo se hubiese vuelto totalmente invisible.

Quedó inmóvil un rato, sin atreverse a contemplar ese
cuerpo que, desvanecido para la percepción visual, al parecer solamente él era capaz de atisbar. Luego pensó que
el aparente suceso podía formar parte de una serie de des-
varíos de su imaginación, al final de una jornada fuera de
lo corriente.

—No he mirado bien —dijo en voz alta.

Hablaba con la misma determinación con que de niño
silbaba al atravesar los lugares oscuros de la casa, mas al
volver a observar sus brazos y el resto de su cuerpo, persistía aquel fenómeno imposible. Salió de la casa y comprobó
que la luz de la luna ya no proyectaba su sombra en el
suelo. Llegaban corriendo sendero abajo la tía Paula, Fernando y Sara, y los llamó para que se detuviesen. Ellos lo
hicieron, pero buscaban el origen de su voz con extrañeza.

—Estoy aquí, aquí, delante de vosotros, a dos palmos
de vosotros. ¿Es que no me veis?

El horror que ya había descubierto en las miradas del
resto de la familia brilló también en aquellos ojos, y puso
una repulsión instintiva en las actitudes de los cuerpos y en
las muecas de los rostros. Los tres echaron a correr otra vez
y Adrián tuvo que apartarse para que no tropezaran con él.
Intentó mantener la serenidad, pero en un súbito impulso
de miedo se puso a correr a su vez sendero abajo, en dirección al pueblo. El esfuerzo de la carrera acabó sofocándole
y se detuvo. El automóvil para todo terreno del tío Jaime
subía la cuesta dando tumbos, y en la quietud de la noche
su figura bamboleante le propuso una imagen entre mecánica y animal, más propia de los sueños que de la vigilia.

—Estoy soñando —exclamó Adrián, comprendiendo
lo que sin duda sucedía con un agradecido sentimiento de
liberación.

staba soñando, y aquel descubrimiento dio su verdadero significado a todos los sucesos que creía haber vivido, a una celebración de cumpleaños que no tenía sentido, a la hostilidad de María Elena y de su madre, que se las había mostrado bajo aspectos tan desfavorables para ellas, a la visión de los mayores bailando alrededor del fuego con ridículo aire pueril, a los mayores luego en la confesión de su acecho feroz del abuelo para conseguir que les hiciese partícipes de sus cuentas, y sobre todo, a aquella planta de forma tan rara, que más parecía producto de un diseño industrial que del mundo vegetal, y que se le había enroscado en el brazo como una serpiente de luz, entre percepciones que eran a la vez claras y confusas. Los sueños más insidiosos son los que presentan una convincente apariencia de realidad.

Antes de entrar en el pueblo, el puente de piedra iluminado por una sola bombilla que dejaba a oscuras el fluir del agua, presentaba una imagen empapada de esa rara vigilancia de las cosas inertes con que los sueños, a veces plasmados en productos pictóricos o en escenas del cine, reconstruyen ciertos espacios solitarios de la vida común. Cruzó el puente y entró en el pueblo. La noche de San Juan había sido también allí motivo de fiesta, y en la explanada de la bolera, antes de las primeras casas, permanecían los carbones chorreantes de agua de un rescoldo de hoguera. Se oía a lo lejos música de baile, como si en algún lugar continuase la fiesta.

A través del gran ventanal del bar de la plaza, se veía relumbrar en la oscuridad del local un fluir luminoso de brillos y colores, y salía a la calle un murmullo de voces confusas, articuladas a través de algún altavoz. Aunque el local parecía cerrado, Adrián pudo suponer que allí dentro se estaba reproduciendo alguna película de televisión. El aparato estaba instalado encima del ventanal y, entre la penumbra, Adrián atisbó un pequeño grupo de hombres repantingados en sillas, absortos ante aquella fuente de luces y sonidos, con los rostros alzados e inmóviles, como dormidos, aunque denunciaban su vigilia los pequeños reflejos movedizos de sus ojos y las súbitas exclamaciones.

Adrián escuchó con mayor claridad los murmullos y comprendió que los hombres coreaban las peripecias de la aventura con ciertas carcajadas bruscas y comentarios rijosos que hacían imaginar el tipo de película que debían de estar contemplando. Por el pequeño respiradero que había encima de la puerta salía una nubecilla de humo oloroso a tabaco de puro.

Al otro lado de la plaza había un autobús vacío, con las luces apagadas y las puertas abiertas. Adrián siguió recorriendo las calles del pueblo. Su soledad y quietud eran tan grandes que tampoco parecían pertenecer a los espacios de la realidad, sino a los de alguna figuración muy fiel, como los escenarios que el cine recrea con sus artificios de decorados y proyectores luminosos. No se oía ningún ruido en las casas, ni siquiera el ladrido de un perro, y solamente se podía escuchar el eco de aquella música de baile, también como un efecto sonoro añadido a todos los demás elementos de un espectáculo.

La música provenía de un mesón aislado a un lado de la carretera, a la salida del pueblo, en la otra punta, pero Adrián no llegó hasta allí, aunque estuvo un rato contemplando la figura del edificio, apenas iluminado por la última bombilla del tendido urbano, una tosca figura de chalet al que las tapias y un cobertizo trasero añadían una apariencia inconsecuente de casa de labor, una desproporción de edificio incierto.

Los bultos de algunas personas salieron al exterior, permitiendo un repentino bocinazo sonoro que las puertas volvieron a atenuar. Eran gente joven, pero se movían con torpeza y hablaban con voces gangosas y desordenadas. Se apartaron unos pasos del edificio, hasta llegar al medio de la carretera, y allí se gritaron algo que Adrián no pudo entender, dispuestos a acometerse.

En el impulso de comprobar si también aquellos muchachos reaccionarían ante su presencia como lo había hecho su familia, Adrián llegó hasta ellos y les conminó a que se tranquilizasen, para descubrir en las miradas ebrias una sombra de incredulidad y de miedo. Adrián apoyaba las manos en el pecho del más agresivo, y éste reculaba sin levantar las manos, balbuceando unos sonidos oscuros, antes de volver las espaldas y dirigirse con apresuramiento tambaleante al interior del edificio. Los otros muchachos lo siguieron, y todos entraron en el lugar a través de un nuevo torrente sonoro que volvió a retumbar brevemente en la noche.

Adrián regresó a la plaza, empujado por un cansancio contra el que no encontraba fuerzas de resistencia. Las puertas del autobús seguían abiertas y entró en el vehículo, se acomodó en uno de los asientos, inmovilizado por un golpe de fatiga, y se quedó mirando la plaza a través de los cristales de la ventanilla, para apreciar una quietud que seguía perteneciendo más al mundo de las imágenes artificiales que al de la realidad. La puerta del bar se abrió al cabo de un rato, y los furtivos espectadores de la televisión salieron a la calle, todavía coreando con carcajadas y comentarios admirativos ciertas escenas que habían presenciado.

Algunos se acercaron al autobús, y un hombre fornido, de corta estatura, entró por la parte delantera y dejó en la guantera del conductor un objeto pequeño y oblongo, que a Adrián le pareció una cinta de vídeo. Luego el hombre salió del autobús, las puertas se cerraron de golpe con mecánica simetría, y el grupo se fue alejando hasta que la plaza quedó totalmente solitaria.

Desde la esperanza de que todos aquellos espacios y personajes fuesen soñados, Adrián estaba arrobado en una vivísima impresión de realidad, pero su cansancio abría el paso a un sueño que no podía evitar.

—Por fin —murmuró, dejándose perder en aquella forma de sopor que había adoptado su cansancio.

Estaba convencido de que, tras aquel sueño invencible, el despertar devolvería a todo su verdadera apariencia y la exacta dimensión de la realidad.

NOT a dream, it's
when he's awake

Primero se había quedado dormido en aquel autobús,
tras imaginar que la inverosímil situación en que
creía encontrarse era el remate adecuado de una cadena de circunstancias que no podían entenderse sino
dentro de las caprichosas peripecias de los sueños. Pero
cuando despertó, continuaba dentro del mismo autobús,
que con las primeras luces del día iniciaba su servicio, con-
ducido por el hombre menudo y fornido que había venido
a cerrarlo la noche anterior.

A la luz creciente de la mañana, los borrosos contornos de sí mismo que Adrián era capaz de percibir, y que
le hicieron sentirse muy desalentado, eran la prueba de
que aquel nuevo estado físico de su cuerpo no correspondía al mundo de los sueños, sino a la realidad de la
vigilia. El autobús descendía entre las asperezas de la
montaña, bordeando las revuecias del río, y los pequeños valles, inundados a aquella hora de una neblina que
se deshacía con lentitud, ofrecían también una imagen

43

incorpórea que parecía reproducir su propia entidad espectral.

Dentro de la cabina había pocos viajeros, y a ninguno se le había ocurrido instalarse en el asiento que Adrián ocupaba, pues el obstáculo que representaba aquel cuerpo suyo, que no se podía ver, hubiera originado sin duda un gran revuelo. Soy un fantasma, pensó, una especie de fantasma. Acaso he muerto.

¿Se habría muerto en el bosque, mordido quizá por alguna víbora, y era esa invisibilidad el primer estadio de una disolución progresiva?

El destino del viaje era la ciudad natal de Adrián, donde había vivido desde su infancia hasta el año en que empezó a estudiar la carrera. Pero los años no habían pasado en balde, la estación de autobuses ya no presentaba el tradicional aspecto destartalado y oscuro, y el sólido barniz de humo que ennegrecía las paredes desconchadas, inmutable en el tiempo adolescente, había sido sustituido por otros espacios diáfanos y limpios.

La mañana brillaba y Adrián echó a andar con indeciso rumbo. En aquellos momentos empezaban a abrirse los comercios. Era la hora de esas gentes que pasan apresuradas, con la mirada ausente, dispuestas sin ilusión a sortear las trampas de una nueva jornada, una hora de barrenderos y calles mojadas por el riego.

El olor a masa de harina recién horneada le asaltó al pasar ante las puertas de una pastelería, y buscó con la vista los bollos que se amontonaban a un lado del mostrador, sobre la vitrina que ofrecía los demás productos del establecimiento. Tras un titubeo, Adrián entró en la tienda sin que lo advirtiese la muchacha vestida de blanco que se afanaba al otro lado del mostrador, y se dirigió al lugar en que se mostraban los bollos. Asegurándose con la vista de que la muchacha no tenía su atención en aquel punto, cogió un bollo y pudo comprobar, con un alivio paradójico que inauguraba la posibilidad de ciertos recursos dentro de su lamentable situación, que el bollo adquiría en su mano la misma consistencia borrosa del resto de su cuerpo. Agarró otro bollo y salió a la calle, y los fue devorando con apetito mientras seguía caminando.

¿Era posible que los muertos tuviesen hambre, que los fantasmas comiesen con tantas ganas un vulgar bollo suizo?

Le había tranquilizado saber que su invisibilidad le facilitaba al menos aquellos accesos furtivos a las cosas que necesitaba, y repitió su incursión en un bar, donde se tomó un emparedado y un vaso de leche que esperaban en el mostrador ser servidos a un cliente, sin que los camareros atribuyesen su desaparición a otra causa más misteriosa que su propio e inexplicable despiste.

En el recorrido de la ciudad, Adrián repetía un paseo que, desde niño, había hecho muchas veces camino de la catedral o del mercado, pero las lunas de los escaparates, que no reflejaban su paso, y la falta de una sombra de sí que certificase la opacidad y solidez de su cuerpo, mantenían en su conciencia la sensación de que vivía una pesadilla mucho peor de la que pudiesen sugerir los sueños más inquietantes.

La noche anterior, antes de su horrenda transformación, cuando no podía imaginar que se iba a volver invisible, había evocado el tiempo en que supo que ya no era un niño, al descubrirse segregado de pronto brutalmente del resto de la realidad. Su nueva situación lo segregaba aún más, lo convertía en la pieza más perdida y solitaria de todo el universo. Sin embargo, Adrián no había intentado todavía comunicarse con sus semejantes, pues las circunstancias de la víspera, cuando su simple voz había aterrorizado a todos los miembros de su familia, pertenecían sin duda a una coyuntura dramática, el grave estado de salud del abuelo, que podía justificar aquellas explosiones poco racionales de horror y nerviosismo.

En su deambular por las calles de la ciudad, Adrián encontró el antiguo edificio en que un banco había instalado su sede, donde trabajaba uno de los amigos que había tenido en sus años juveniles. Adrián entró en el local y descubrió a su amigo a unos pasos del mostrador, atareado sobre su escritorio con los ojos fijos en la pantalla del ordenador. En aquellos momentos no había ningún cliente en el banco, y Adrián sentía el impulso de pronunciar el nombre del amigo, pero su mirada había tropezado con el gran espejo que, entre los viejos soportales convertidos en ventanas, pretendía acaso duplicar ópticamente la anchura del vestíbulo, y al encontrar la imagen vacía del mostrador, despojado del reflejo de su cuerpo el espacio que él realmente estaba ocupando, comprendió que su llamada sólo serviría para originar un desconcierto que nadie podría aclarar.

Ni siquiera amortiguó su pesadumbre la visita a la catedral, un lugar muy admirado por él desde la infancia, aunque la luz de la mañana, condensada en una atmósfera de colores, flotaba sobre los pilares como el espejismo de una serenidad aprensible y cercana.

Había en aquellos momentos una misa, y Adrián, traspasando el punto en que el templo estaba restringido al uso de los eclesiásticos, se acercó al altar, se movió junto al oficiante, tocó los objetos litúrgicos y el libro ritual, con la paradójica esperanza de un escándalo entre los asistentes que no se cumplió. Lejos de cualquier sentido de impunidad, lo seguro de su condición de invisible acrecentó dentro de él la conciencia de un definitivo desmembramiento de la realidad a la que pertenecían sus semejantes.

Aquel día había mercado en la plaza mayor. Como en un juego, Adrián hurtó de los tenderetes fruta, pedazos de queso y hasta una gran navaja para pelar y cortar los productos de sus hurtos. Podía apropiarse de lo que se le antojase, y seguramente esa posibilidad era lo que en la imaginación de la gente, a través de las viejas fábulas legendarias, había hecho aparecer la invisibilidad como un don o una facultad maravillosa. Pero las horas pasaban, su condición de invisible persistía, y la facilidad para acceder sin riesgo a cualquier cosa que no fuese alimento o bebida le parecía pueril, aunque el botín pudiese ser el tesoro más valioso del mundo.

Un gran cansancio volvió a asaltarle a mediodía, e intentó conocer si su estado, además de aquellos hurtos que había forzado la necesidad, le permitiría encontrar un lugar de descanso más confortable que el ámbito estrecho y traqueteante de un autobús. Cerca de la catedral se hallaba el hotel más popular de la ciudad, que había albergado generaciones de viajantes y de viajeros habituales. Entró en el vestíbulo, aprovechó unos momentos en que el empleado de la recepción tuvo que apartarse, y se hizo con una de las llaves amontonadas en el casillero de las habitaciones desocupadas.

Ya en la habitación, sumergido en el agua caliente del baño, Adrián había comprobado que el aspecto borroso de su cuerpo tenía el mismo color azulado de algunas especies de animales marinos. Y evocaba las profundidades del mar cuando se echó en la cama, donde se quedó enseguida dormido. Imaginó al despertar que había transcurrido mucho tiempo y que era el amanecer del día siguiente, pero sólo habían pasado algunas horas y la luz seguía siendo la de la misma tarde, que se alargaba en el crepúsculo de junio.

Sintiendo su estado como una enfermedad pavorosa, que solamente parecía estar libre del dolor físico, subió al primero de los trenes que tenían como destino la ciudad de su residencia.

Adrián llegó a su casa cuando habían pasado ya más de veinticuatro horas desde su hallazgo en el bosque, que recordaba con tanta nitidez como confusión.

El tiempo que mediaba hasta aquel momento pertenecía casi todo a la vigilia, pero estaba impregnado de un vigoroso tono de pesadilla, pues era el tiempo en que había empezado a vivir su experiencia de invisible, una conciencia sin ecos ni reflejos, una especie de muerte silenciosa, que no había conseguido el descanso ni el olvido. Y cuando llegó a la casa que compartía con María Elena, tras una caminata larguísima, se encontraba con el ánimo desmoronado, aunque al abrir la puerta un olor familiar, de hogar y sueño, vino hasta él como un animal doméstico que intentase festejarlo con su solícita mansedumbre.

María Elena estaba dormida y él se acostó también, aproximándose mucho a ella. Aquel contacto en la oscuridad, la percepción de su propio cuerpo contra el otro, la certidumbre de que una misma consistencia material los igualaba, mitigó el pesar casi desesperado que había sentido en su caminar sin sombra por las calles solitarias, infundiéndole una esperanza tan segura como el calor que sus cuerpos compartían.

No había en él deseo sexual, sino una fuerte necesidad de cercanía y de afecto, y comenzó a acariciar a María Elena con suave insistencia. Buscó su boca inconsciente, que guardaba el sabor acre de la saliva estancada en el sueño, y luego llevó su cara a sus hombros y a sus senos, para aspirar con avidez todos los olores de aquella piel suave y cálida, y sentir que su propio cuerpo era también real y estaba allí, ocupando un lugar firme en el territorio de la realidad y de la vida.

María Elena despertó enseguida.

—¿Eres tú? —preguntó, con la voz todavía adormecida—. ¿Has vuelto ya?

—¿Estos besos te parecen correo electrónico?

Le admiró no haber perdido del todo el sentido del humor, aunque aquello era sin duda el efecto de la vivificadora y gozosa sensación material de tener un cuerpo sólido, que no causaba extrañeza en su compañera. Pero pensó que toda la risa del mundo no podía hacerle olvidar la verdad.

—María Elena, tengo que contarte algo muy grave que me ha pasado.

Su estado le exigía darle a María Elena una explicación del caso, y debía procurar que no se retrasase. En la oscuridad pudo escuchar el suave chasquido de un bostezo. María Elena se había dado la vuelta e intentaba regresar a su sueño sin dilaciones. Su voz balbuceó otra vez.

—Déjalo para mañana, anda.

—Es muy importante.

—No puedo escucharte, Adrián, de verdad, aunque lo intente.

—Es que no puedo dejarlo para mañana, María Elena.

—Ayer casi no dormí y hoy me acababa de acostar.

—Es domingo y podrás dormir todo lo que se te antoje. Tengo que contártelo ahora mismo.

—¿Pero es tan importante?

—Importante y terrible.

El tono firme de sus palabras y el anuncio de la gravedad del asunto acabaron de despabilar a María Elena, y Adrián sintió que su mano buscaba en la mesita el interruptor de la lámpara.

—No enciendas la luz, María Elena, por favor. Lo que te voy a contar tienes que escucharlo a oscuras. Ven aquí.

Adrián rodeó con sus brazos el cuerpo de la mujer.

—Me das mucho calor —se quejó María Elena.

Pero Adrián no se separó de ella y, acercando la boca a su oído, comenzó a narrarle en voz baja lo que le había sucedido, como si se estuviese confesando de algún enorme pecado del que debiera arrepentirse.

—De manera que ahora soy invisible —concluyó—. Me puedes tocar, percibes mi cuerpo como yo lo percibo, podemos hacer el amor, tengo hambre, pero no puedes verme. Nadie puede verme.

Entonces María Elena se separó bruscamente de él y encendió la luz de la mesita. Estaba sudorosa y sus ojos muy abiertos, desconcertados, buscaban alrededor la presencia de Adrián. Enseguida se sosegó y suspiró con fuerza, como si comprendiese que acababa de despertar y que con ello se había librado de un mal sueño.

—No sueñas, María Elena —dijo Adrián.

Su lástima por ella prolongaba la que sentía por sí mismo, y extendió un brazo para rodear otra vez el cuerpo de la mujer.

—No sueñas, soy yo realmente, estoy aquí, aunque no me puedas ver. No sé lo que me ha ocurrido, y tampoco sé cómo voy a salir de esto. Tienes que ayudarme.

Si María Elena le escuchaba, lo cierto fue que las palabras de Adrián no la tranquilizaron. Intentó soltarse de aquellos brazos invisibles que ceñían su cuerpo y comenzó a golpear con los puños cerrados aquel torso que sentía pero que no podía ver. Adrián la soltó y ella saltó de la cama y lanzó un grito, mientras contemplaba con aire de desamparo el lugar de la cama que Adrián debería de estar ocupando.

—Apaga la luz, María Elena, acércate a mí. Estoy aquí, aunque no me veas. Soy el mismo. Te quiero. No tengas miedo. Deja que te abrace.

—¡No se te ocurra tocarme!

María Elena se había puesto a llorar a gritos. Abandonó corriendo la habitación y cerró la puerta a sus espaldas. Y mientras sopesaba con amargura aquel fracaso inicial de una comunicación en que había puesto tantas esperanzas, Adrián oyó cómo ella seguía llorando en la salita.

Al cabo de un tiempo, Adrián ya no percibió los gemidos de María Elena, y se disponía a salir de la habitación para acercarse otra vez a ella cuando la oyó decir unas palabras. Abrió con cuidado la puerta y descubrió que la mujer estaba hablando por teléfono.

—Tienes que venir —repetía, poniendo en la voz mucha aflicción—. Tienes que venir ahora mismo, por favor. Te necesito.

Adrián no supo lo que el interlocutor de María Elena le contestaba al otro lado de la línea, y tampoco de quién podía tratarse. María Elena escuchaba con gesto ansioso lo que aquella persona le estaba diciendo, y al fin habló otra vez, y en sus palabras se apreciaba un tono de alivio.

—De acuerdo, iré yo. Pero ahora mismo. Salgo en cinco minutos. No sabes cuánto te lo agradezco, Javier.

Al oír aquel nombre, Adrián imaginó que se trataba de un colega con quien María Elena llevaba colaborando toda la temporada en la realización de un programa. María Elena entró con cautela en su dormitorio y volvió a salir vestida, con una rapidez que Adrián nunca había presenciado, llevando un pequeño maletín.

—María Elena, por favor, no te vayas.

Con un respingo, María Elena volvió el rostro al punto del que había salido la voz. Tenía los ojos muy abiertos, amplificados por los cristales de las gafas, y el pelo despeinado añadía patetismo a su aspecto.

—No quiero volver a saber nada de ti —murmuró, como si estuviese hablando consigo misma.

Abandonó la casa con pasos enérgicos, y Adrián pudo escuchar que le daba un par de vueltas a la llave.

A la mañana siguiente, Adrián se dispuso a visitar a su madre antes de que saliese de casa para asistir a misa y visitar luego a sus amigos anticuarios y chamarileros, como era su costumbre cada domingo.

La reacción violenta de María Elena ante su confesión, y aquella partida abrupta que tuvo al parecer como destino la casa de un compañero, habían ensombrecido aún más su ánimo, y apenas pudo descansar el resto de la noche, pero al alba se dio una ducha y se preparó un desayuno muy abundante. La comida caliente, después de tantos suizos, churros y melocotones robados, le reconfortó de una manera que no hubiera podido suponer. También vestirse una muda limpia y otra ropa más fresca actuó beneficiosamente sobre su estado de ánimo, lo que le hizo considerar que el ser humano sólo vive de verdad el tiempo en que es esclavo dócil de ciertas exigencias cotidianas, y que en el peor momento de la vida cualquier menudencia oportuna es capaz de llevar a su espíritu un estímulo desproporcionado.

Su madre vivía en el centro, y Adrián aprovechó su invisibilidad para viajar gratis en el metro. En las calles aledañas a la de su madre descubrió que aquella hora de luz tan nueva y clara estaba mostrando un curioso reflujo humano, pues mientras las primeras personas recién aseadas y vestidas con mudas limpias empezaban a ocupar las aceras con su pasear de día ocioso, otras gentes sucias, vestidas con harapos, que empujaban carritos de supermercado cargados de bolsas de plástico y fardeles desflecados, se escurrían con el aire de abandonar unos espacios que les habían pertenecido durante la noche.

Adrián nunca había contemplado aquella retirada general que recordaba la instintiva huida de las cucarachas frente a una inesperada eclosión de luz, o el gesto de impotente aborrecimiento con que también escapaban de la claridad solar, en las películas de terror, algunas criaturas de las tinieblas. Sin embargo, en aquellos hombres y mujeres que se apartaban del ajeno callejeo dominical acarreando sobre sus harapos un patrimonio de trapos y cartones de embalar, Adrián descubría de repente una comunidad que, apenas atisbada, en pocos momentos sería también invisible.

Todos aquellos mendigos malolientes y gentes sucias pertenecían a un espacio de invisibilidad paradójico, que ellos mismos creaban, pues aunque sus figuras seguían siendo susceptibles de ser percibidas por el ojo, ellos mismos debían de comprender que su presencia colectiva no podía coincidir con la vida normal de la ciudad, y se separaban cuando empezaban a ser vistos en grupo para buscar sus escondrijos diurnos o establecer una distancia entre ellos que los dispersase lo suficiente como para que, aislados y solitarios, apenas afrentasen con su mancha los espacios ordinarios de la vida de las gentes comunes.

Antes de subir al piso de su madre, Adrián la llamó desde una cabina telefónica.

—Mamá, soy Adrián.

— ¿Ya has vuelto? ¿No ibas a quedarte allí todo el fin de semana?

—Es muy urgente que te vea.

—¿Te pasa algo?

—Tengo que verte ahora mismo. Ahora.

—Yo salgo para misa en quince minutos.

—Estoy muy cerca, en la cabina de abajo.

—Bueno, pues sube.

—Escúchame. Cuando llame al portal, abres la puerta de casa y te vas del recibidor.

—¿Pero qué dices?

—Hazme caso. Te quedas en el pasillo, con las luces apagadas. Sin mirarme.

—Ya me estás preocupando. ¿Se puede saber qué te pasa?

—Hazme caso, mamá, por favor. Deja que te lo explique cuando suba, pero no me mires antes, ni mientras esté hablándote.

—Bueno, abriré cuando llames al portal. Pero no tardes.

Era un tercer piso, y Adrián subió por las escaleras. Al llegar a los últimos tramos, antes del descansillo del piso de su madre, hizo más sigilosa su aproximación, de manera que no se sintiesen sus pisadas. Por el hueco de la puerta abierta salía la luz de la lámpara del recibidor, y cuando se encontró allí pudo ver que su madre estaba sentada en una de las sillitas, mirando atentamente hacia el sitio de la puerta con las gafas puestas.

Adrián entró en la casa con la misma cautela que había mantenido hasta llegar allí y cruzó el recibidor. Desde el pasillo, oculto tras la gran cortina de terciopelo que enmarcaba aquel paso con polvorienta solemnidad, habló a su madre.

—Mamá, te dije que apagases la luz y que no me miraras.

Su madre se sobresaltó y volvió todo el cuerpo para buscar su presencia.

—Pero qué chico éste. ¿Cómo has entrado? ¿Qué tonterías son ésas? ¿Y ni me das un beso?

—No son tonterías. Es algo que me pasó la noche en que llegué a casa del abuelo.

—¿Qué tal lo encontraste?

—Al principio bien, pero luego se puso muy malo. No creo que viva mucho tiempo más. Preguntó por ti.

Su madre se movió un poco, con aire de desazón, y luego se persignó.

—Yo no soy nada suyo. A mí qué me va a importar que ese hombre cumpla los noventa y pico. Eso tu padre, que para eso es su hijo. Además, yo ya estoy mayor para meterme una paliza así hasta aquellos cerros. Anda, cuéntame de una vez lo que sea, que tengo que irme a misa.

—Voy a ahorrarte los antecedentes. He sufrido una transformación muy extraña. Si apagas la luz y no me miras, luego lo entenderás mejor.

—¡Y dale! ¡Pero qué pesado te pones!

Al fin Adrián consiguió que su madre apagase la luz, aunque la ventana del patio llenaba el recibidor de claroscuros. Luego se aproximó a ella y la abrazó, y le puso una mano sobre los ojos.

—No me mires todavía. ¿Notas que estoy aquí?

—¡Qué misterios! ¿Cómo no lo voy a notar?

La madre de Adrián llevó sus propias manos a la mano con que Adrián le tapaba los ojos.

—Anda hijo, Adrián, basta ya de bromas. Suéltame de una vez, hombre, que tengo prisa.

—Me he vuelto invisible.

Adrián bajó los brazos mientras su madre buscaba su presencia inútilmente.

—¿Pero se puede saber dónde te has metido?

—¿No te acabo de decir que me he vuelto invisible? ¡No sabes lo fastidiado que estoy!

La madre de Adrián sacudió la cabeza y echó a andar con rapidez por el pasillo, hacia el fondo de la casa.

—Mira, Adrián, hijo, ahora no estoy para juegos de manos, o lo que sea que hagas. Ya te dije que me tengo que ir a misa. Si me hubieras avisado, te habría invitado a comer, pero como con Adonina, la pobre. ¿Por qué no vienes a merendar, a eso de las ocho, y me cuentas cómo encontraste a todos? Ya me dirás también a dónde piensas ir estas vacaciones.

Muchos años antes, cuando la madre de su madre vivía y los cuatro constituían un grupo familiar, solían hacer excursiones dominicales a puntos cercanos a la ciudad, para visitar monumentos y parajes pintorescos o merendar en algún mesón recién inaugurado. Mientras conducía el automóvil, su padre cantaba siempre una canción francesa que había aprendido en su juventud y que decía *odio los domingos.*

Después de tanto tiempo, la familia ya desunida por la separación de los padres varios años antes, a Adrián le parecía encontrar en aquella inveterada repetición un mensaje directo, que no necesitaba cifra para ser interpretado. Acaso su padre ya entonces se liberaba de las tensiones que más tarde llevarían a la separación conyugal, manifestando sin tapujos, aunque a través de la letra de una canción, cuánto aborrecía aquella carga dominical del encuentro y la excursión familiar. Pero invisible y caminando al azar por una ciudad postrada en el largo marasmo de la mañana festiva, Adrián sentía también una inquina profunda por aquel día que flotaba a su alrededor sin forma ni objetivo, mientras dentro de él seguía expandiéndose el vértigo de ser una especie de muerto en vida, un espectro de carne y hueso sin lugar en el mundo.

Al fin se encaminó al parque más cercano, y la sombra de los árboles, como la emanación húmeda del gran estanque, fueron nuevas menudencias que le ayudaron a sobrellevar el calor creciente del día y las restricciones de su estado.

Al otro lado del banco estaba sentado un hombre de gafas oscuras y sombrero de paja, que se dirigió a él muy amablemente para celebrar la hermosura del tiempo y el frescor de la hora. La interpelación era tan natural que Adrián tardó unos instantes en recordar su condición de invisible. Y mientras respondía a aquellas palabras con el mismo tono de cortesía, comprendió que el hombre era ciego, y que al lado del banco se alzaba un pequeño atril metálico en que se mostraban, sujetos con pinzas, los billetes de la lotería.

Todavía continuaron hablando un rato, pero la llegada de algunas personas aconsejó a Adrián retirarse. Se despidió del ciego y continuó recorriendo el parque, sintiéndose un intruso entre las gentes que paseaban, jugaban o descansaban sentadas, sin tener que pensar en el sitio físico de la realidad que estaban ocupando. A la hora de comer escamoteó unos bocadillos y una botella de cerveza en un quiosco, y por la tarde dio un paseo larguísimo que, casi instintivamente, acabó devolviéndole la dirección de su casa.

Al abrir la puerta oyó la voz de María Elena al fondo de la habitación.

—¡Está ahí! ¡Está ahí! —decía.

Adrián sostenía aún la puerta abierta cuando el tal Javier, descalzo y medio desnudo, salió de la habitación. Era un hombre joven, de su misma edad, alto y fuerte, con la barba afeitada al estilo *tres días,* que al pasar a su lado desprendió un olor en que se mezclaban el sudor y un perfume caro. El hombre salió al descansillo y bajó corriendo un tramo de escaleras, pero enseguida regresó al piso. Cerró la puerta y echó la cadena.

—Había abierto la puerta, pero se ha ido.

—¿Seguro que se ha ido?

—Se ve que nos oyó. Así será más fácil. ¿Se puede saber qué te hizo exactamente?

—No quiero hablar de eso.

El hombre se había acercado a la mesa de trabajo de Adrián. Había levantado el ordenador portátil y lo observaba con interés.

—Maleni —llamó, utilizando un nombre que Adrián no había escuchado antes y que le pareció risible—, ¿este ordenador es tuyo?

—Es de él. ¿Pero es que no vas a venir?

—Oye, Maleni, imagino que tendrás que devolverle sus cosas.

—Que se las lleve, pero a él no quiero ni verlo. Tendrás que ocuparte tú de eso.

El hombre llamado Javier dejó el ordenador sobre la mesa y entró en el dormitorio, y las palabras de ambos se convirtieron en susurros, y éstos en suspiros y alientos entrecortados.

Testigo de la infidelidad de María Elena, Adrián se sintió de repente muy mal, en un ataque de congoja doloroso como una herida verdadera, pero después de un rato percibió que su malestar no le hacía sentirse más desanimado de lo que ya estaba, y comprendió que los grandes infortunios tienen la capacidad de absorber y amortiguar las desdichas accesorias. Aquella evidente traición era la prueba de un desvío definitivo, que acaso llevaba fraguándose bastante tiempo sin que él lo hubiese advertido, y se unía a su invisibilidad como un efecto más de las circunstancias, que ya no podía añadir nada de ensombrecimiento a su situación. O los celos eran demasiado endebles para incrementar su pesadumbre, o empezaba a asumir el comportamiento de las personas más cercanas con una lejanía que parecía rebasar los límites de cualquier clase de estoicismo.

Ni siquiera le enfadó el hecho de que María Elena echase la cadena a la puerta después de la partida de su nuevo amante, aunque era Adrián quien, desde hacía un año, pagaba todo el alquiler del piso. Eran otras preocupaciones las que de verdad lo inquietaban.

Aquella noche, después de la marcha del tal Javier y cuando María Elena se fue a acostar, Adrián se tumbó en el sofá de la sala, pero no consiguió quedarse dormido y volvió a sentir una gran ansiedad, como si la realidad que le rodeaba comenzase a desdibujarse para convertirse en un fluido ácido donde él se desintegraría para siempre.

Poco a poco, tras los últimos extremos de angustia, la duermevela le fue concediendo ciertos motivos de esperanza o de curiosidad que le permitieron dar algo de forma al futuro sin destino que parecía amenazarle. La Facultad, tengo que decirles algo, justificar que no podré estar en los exámenes, recordó, intentando asirse a las tareas profesionales que hasta entonces le habían ocupado, y vio de pronto la semana que se avecinaba cargada de obligaciones y de contactos que, a pesar de todo, acaso no resultasen tan decepcionantes como los que había tenido hasta entonces.

Y el médico, pensó, la ciencia médica, estuvo a punto de murmurar, casi como una invocación mágica, don Avelino, el facultativo que desde hacía tantos años venía atendiendo las dolencias regulares de la familia, don Avelino, cómo no se me había ocurrido antes, y el sueño al fin oscureció sus pensamientos, y durmió de un tirón hasta que sonó el despertador en la alcoba de la que había sido desalojado.

Adrián esperó pacientemente a que María Elena se marchase para saquear el frigorífico. Comprendía que su expolio sería advertido por ella en cuanto abriese aquella puerta, pero la escasa alimentación de los días anteriores le hacía sentir un hambre ciega y violenta. Tras terminar su desayuno, con el humilde consuelo del hartazgo, llamó por teléfono a don Avelino, que lo citó para aquella misma

tarde en su clínica, y luego al profesor Dodero, el catedrático y jefe de su departamento.

—Don José —le dijo, tras identificarse—, tengo graves
asuntos familiares y no voy a poder estar presente en los
exámenes de la asignatura.

El profesor Dodero, catedrático suyo algunos años antes, había sido el originario valedor para su acceso al departamento, y era el director nominal de su tesis, pero tenía una hija y un hijo que con el tiempo habían ido
creciendo, y que en aquellos momentos se encontraban
también terminando sus respectivas tesis doctorales. Los
miembros del llamado equipo docente que, como Adrián,
no habían consolidado todavía su situación profesoral, tenían la infausta premonición de que su futuro era más incierto a cada curso que pasaba, y percibían en el profesor
Dodero una frialdad que hacía todavía más ardua la tradicional dificultad de su trato.

—Eso que usted me dice no me gusta nada —repuso
don José, muy cortante.

—Es un problema delicado, don José.

—Usted no puede fallarle así a la cátedra.

—En cualquier otra ocasión supliré de sobra mis ausencias. Usted sabe que nunca he faltado.

—Ya me ha oído. Aténgase usted a las consecuencias.

La lejanía mental, con trazas de estoicismo, que estaba
cuajando dentro de Adrián, le hizo encogerse de hombros,
y se pasó la jornada, hasta que llegó la hora de la consulta,
recorriendo otra vez sin rumbo fijo las calles de la ciudad.
Penetraba inveteradamente en los lugares cuyo acceso estaba vedado al público, sin encontrar en tantos espacios
reservados nada tan atractivo o sorprendente como para
hacerle olvidar su desasosiego.

El encuentro con don Avelino, que al principio le hizo
imaginar ciertas esperanzas, no mejoró las cosas. Cuando

correspondía su turno. Adrián entró en el despacho del médico y cerró la puerta con el pestillo. En aquel mismo momento, don Avelino le decía a la enfermera, a través del aparato de interfonía, que ya podía entrar el siguiente, y Adrián se acercó a la mesa.

—Ya estoy aquí, don Avelino, he pasado yo mismo.

Don Avelino no se inmutó, y le dijo a la enfermera que esperase instrucciones. Ante aquella serenidad, dentro de Adrián empezó a pugnar ligeramente un brotecillo de ilusión. Se sentó delante de la mesa del médico y le contó con toda meticulosidad el extraño fenómeno de que era víctima, así como su aparente causa.

—Tóqueme, por favor. Compruebe que estoy aquí, aunque no pueda verme.

Don Avelino hizo todo lo que Adrián le sugirió, y con la propia ayuda de su invisible paciente le puso el termómetro, que presentó una temperatura normal, le tomó la tensión y lo auscultó.

—¿Qué le parece?

—Bien, bien —decía don Avelino, con el laconismo y la admirable sangre fría de los buenos galenos—. Para empezar, practicaremos una analítica.

Don Avelino escribió la prescripción y alargó al aire la receta con una sonrisa.

—No te preocupes, Adrianito. Vamos a ver todo esto con la mayor atención. Ánimo, no dejes de hacer ejercicio ni de alimentarte bien. Fuma lo menos posible.

—Yo ya no fumo, doctor.

—Estupendo. Ten cuidado también con las bebidas frías. Y llámame cuando tengas los resultados.

—Muchas gracias, don Avelino. No sabe usted el bien que me ha hecho venir a verlo.

Al salir del despacho del médico, Adrián se detuvo un instante, conmovido por un sentimiento cálido. El caos que desde hacía tantas horas le estaba amenazando empe-

Maria Elena's changed the locks

zaba a ordenarse en los primeros prolegómenos de un sentido. Entonces pudo oír la voz angustiada de don Avelino, que llamaba a la enfermera.

—Tina, Tina, venga inmediatamente y avise a Bonilla. Debo de estar muy mal. Acabo de tener una terrible alucinación.

Adrián regresó a su casa con la amargura de una gran derrota, y se encontró con que María Elena había cambiado la cerradura de la puerta.

Durante aquellos días de junio y julio, Adrián se pasaba en la calle la mayor parte del tiempo. Sin acabar de acostumbrarse a una condición que sentía con insoslayable horror, vivía como una pequeña aventura cotidiana la adquisición de comida y la búsqueda de cama. Para dormir utilizaba los hoteles del centro, y llegó a apropiarse de una maleta en que conservaba las mudas y los objetos de aseo, y que trasladaba con habilidad, dentro de cada hotel, a las habitaciones desocupadas, en un escamoteo del que acabó siendo un verdadero virtuoso.

El avance del buen tiempo y las vacaciones hicieron llegar el momento en que todas las habitaciones estuvieron ocupadas, y la vida hotelera empezó a darle bastantes sobresaltos. A veces se vio forzado a abandonar bruscamente su lecho en mitad de la noche, para acabar su descanso en el sofá de la recepción. El aumento del turismo le acabó obligando a dormir en casas particulares, y hasta en una tienda de muebles.

Tuvo con su padre el último de sus contactos familiares. Había decidido contárselo todo por teléfono, para evitar la habitual incomodidad del encuentro. Su padre tardaba mucho en responderle, como si sopesase escrupulosamente cada declaración del hijo.

—Tienes que internarte, Adrián. No veo otra solución.

—¿Pero qué voy a hacer yo en un sanatorio?

—Quedar en observación, digo yo. Dejar que puedan estudiar lo que te ocurre.

—Qué observación ni observación, papá, si para empezar soy invisible.

—Tienen que estudiarte los médicos, Adrián. A lo mejor es cosa del metabolismo. Tendrás que internarte, te pongas como te pongas.

—Eso tengo que pensármelo. Primero debo hacerme a la idea de lo que realmente me pasa. Bastante mal me encuentro, andando todo el día por ahí, como para encerrarme en una habitación de hospital.

Su padre volvió a guardar silencio un rato.

—¿Necesitas algo? ¿Quieres que te deje las llaves de la sierra? Estarías más apartado, más tranquilo. Yo no me instalaré allí hasta el mes que viene.

—No necesito nada, papá. Me entretiene andar por ahí, a salto de mata. Te digo que tengo que hacerme a la idea, eso es lo principal. Ya te llamaré si te necesito.

—Digas lo que digas, tendrías que ingresar en una clínica.

Se había acostumbrado también a utilizar los grandes almacenes para surtirse de mudas limpias. Lo que más incómodo le resultaba era no comer casi nunca alimentos recién cocinados, pues aunque podía acceder sin dificultad a las cocinas de los mejores restaurantes, el trajín de cazuelas y cocineros, la necesidad de estar pendiente de los movimientos de todos para no ser golpeado o quemado, acababa quitándole el apetito. Como a pesar de su estado y de su creciente hipocondría se mantenían en él ciertas ideas sobre la salud, consumía mucha fruta y productos lácteos, y acabó sustituyendo por un anárquico comisqueo las comidas tradicionales.

Había descubierto muchos espacios de aquella ciudad nocturna que pudo entrever cuando fue a visitar a su madre. Una ciudad miserable, llena de suciedad y comercio patibulario, que recorrían gentes elegantes y gentes miserables en una sorprendente sincronía.

El intento de alimentar su curiosidad como otro estímulo de la supervivencia, le hizo también buscar los escondrijos en que se cumplía el sexo mercantil y hasta los amores furtivos, pero su angustia no le dejaba libertad para el regocijo, y la visión de aquellas intimidades acabó entristeciéndole todavía más.

En una ocasión, asistió en una plaza a una pelea rabiosa. Cuando terminó, uno de los luchadores estaba muerto a pocos pasos de él, acribillado a navajazos. El vencedor y los escasos espectadores habían desaparecido corriendo. Del muerto, en cuya mirada había un gesto tranquilo, manaba suavemente la sangre.

Aquella noche volvió a pensar, entonces con mayor detenimiento, que acaso estaba muerto, que la imagen a la vez clara y borrosa del hallazgo del bosque podía ser un signo misterioso que ocultaba un suceso real en que había fallecido, acaso despeñado al final del sendero, en uno de los precipicios cercanos. Había muerto, el proceso de invisibilidad era el primer paso de una mudanza en que todavía no había podido separarse de las ataduras y exigencias de lo cotidiano, sus pretendidos contactos familiares pertenecían a los últimos delirios de la conciencia. Acaso aquel muchacho tirado boca arriba en el suelo de la placita era ya un invisible que empezaba a recorrer la ciudad tras haber creído que encontraba una flor o cualquier objeto extraño y misterioso. Pero alrededor no había más que sombras, y el frenesí de unos gatos que también peleaban.

El tiempo era cada vez más caluroso y el asfalto se recalentaba, pero tardó bastantes días en comprender que no había nada que le atase a la ciudad, y que era libre para marcharse a un lugar más fresco. Su condición de invisible no le sugería una idea de libertad sino de prisión, una cárcel ineludible de calles y de gente, donde se encontraba encerrado sin sombra y sin referencia. Así, Adrián paseaba, andaba a la deriva de un lado para otro, lleno de aturdimiento y zozobra, sin ser capaz de imaginar cómo podría liberarse de aquella especie de maldición.

Una mañana, una visita al parque le llevó al banco de aquel ciego cordial, que, como había hecho la primera vez, se percató enseguida de su presencia y comenzó a hablarle. Estuvieron conversando durante un tiempo bastante largo, hasta que, con la aparición de un público cada vez más numeroso, empezaron a menudear los compradores de lotería. Aquel mercadeo forzaba a Adrián a abruptos silencios, que desconcertaban a su interlocutor.

La larga conversación con el ciego, que apenas había tenido como motivo asuntos tan vulgares como lo caluroso del clima, la molesta abundancia de las obras municipales y la selección nacional de fútbol, fue para Adrián el tiempo más grato de todos aquellos días, y cuando se despidió del ciego se sentía menos agobiado por su amargura, pues la modesta comunicación le había dado una prueba clara de que su capacidad para relacionarse con sus semejantes no estaba del todo extinguida. Se puso bastante eufórico, por la tarde regresó al parque y aquella noche se quedó a dormir en el banco, para esperar allí la llegada del ciego.

El ciego se llamaba Gerardo. Le gustaba llegar allí pronto, para disfrutar del frescor de las primeras horas de la mañana. A partir de aquel día, en esas horas mantendrían ambos una conversación que se fue haciendo cada vez más confianzuda. El ciego era muy aficionado o leer, a escuchar música y a los espectáculos teatrales, que seguía con facilidad, y pensaba que el cine no poseía un discurso que pudiese descifrar la gente que carecía del sentido de la vista, como era su caso.

Gerardo no recordaba haber visto nunca con sus ojos, y le confesaba a Adrián su relación con el espacio.

—A mí me hablan de lo que son los astros, este planeta, dicen que hay un abajo y un arriba, que piso el suelo firme en un mundo macizo y muy ancho. Yo qué sé. Muchas veces se me ocurre que camino sobre una estrechísima cinta sólida, un pasillito, y que todo lo demás es vacío, y las voces de ustedes, incluso la suya, perdóneme, señuelos con que no sé quién me va llevando por ese estrecho pasillo, como la ilusión del tacto, el hacerme creer que existen cosas que puedo tocar. A veces sueño que pierdo el pie y caigo en un abismo sin fondo. Me pasaba mucho cuando era más joven. Pero todo es acostumbrarse, amigo Adrián, pechar con el destino, como hacían los héroes de verdad en los grandes mitos, y perdone la comparación con mi modesta persona. Si no fuese por algunos mitos, y por ciertas novelas y poemas, y sobre todo por la música, esto mío sería demasiado insoportable. Pero las palabras, que crean ellas solas cosas, y la música, que sólo está hecha de sonido, todavía más mérito, no pueden ser un señuelo, eso es demasiado verdadero para ser sólo un truco. La tierra es sólida, y lo que me rodea es real, y no estoy en un pasillo minúsculo a punto de perder del pie. Soy como los demás, con la mala suerte de mi carencia.

A Adrián, aquella especie de estoicismo que él mismo estaba intentando conquistar como un producto neutro de su pesadumbre, le parecía una ilusión pueril al lado de las firmes convicciones de Gerardo. Poco a poco fue comprendiendo que Gerardo era su reverso, pues la mirada ciega era el otro lado de la invisibilidad. Claro que había más ciegos en el mundo, pensó, que Gerardo no estaba sólo en su situación, pero al fin y al cabo, era en lo solitario de su total negrura como tenía que ir sobreviviendo cada día.

Con el paso de los días, Gerardo confesó a Adrián que un aspecto muy doloroso de su carencia era no poder ver, no los grandes monumentos, ni las pinturas geniales, ni los lugares pintorescos o majestuosos, sino las figuras de las mujeres. Sabía que la naturaleza era variadísima y admirable, y también dignas de asombro muchas obras humanas, pero en ese caso se conformaba con las descripciones detalladas.

—Lo que de verdad siento es no poder verlas, saber cómo son en imagen. A veces alguna me ayuda a cruzar un semáforo y yo la huelo y escucho su voz, siento la presión de su mano en mi codo para intentar tener todos los datos posibles sobre su aspecto y su forma.

Adrián le explicaba a su nuevo amigo, en susurros, cómo eran las mujeres que pasaban ante el banco.

—Atención. Jovencita, muy morena, piel aceitunada, rostro agradable, ojos grandes, piernas largas, culo respingón, alto, estrecho.

—¿Pechos?

—Medianos.

—¿Pezones?

—Parecen gordos.

Gerardo suspiraba.

—¡Qué don el de la vista!

Para Gerardo, el cuerpo femenino era el canon perfecto de la belleza humana.

—Eso es diseño de verdad, todas las funciones integradas como partes principales de la estructura. No hay nada como un cuerpo de mujer, y no puedo comprender esa belleza tan cantada de los efebos. Los varones somos sólo un armazón de músculos, sin otra gracia. Nos cuelga el aparato reproductor entre las piernas como podría estar en un sobaco, o encima del ombligo. Ni diseño ni gracia, amigo Adrián.

—Reconozca usted que el lugar es cómodo, por lo menos.

—Yo suelo ir de mujeres cada diez o quince días, aproximadamente, y siempre me sale más caro por el tiempo que gasto, pero no en lo que sería lógico, que no me lleva mucho, sino en tocarles todo el cuerpo para hacerme idea de sus exactas proporciones. ¡Qué regalo debe de ser para la vista!

En otras ocasiones, Gerardo examinaba con Adrián las noticias más importantes transmitidas por la radio, o escuchadas de labios de otros por estar en los periódicos. Había compartido años antes una pensión con un guineano portugués, y le indignaba el silencio de todos los medios ante los sucesos sangrientos que debían de estar sucediendo en el país del lejano amigo.

—Dieron la noticia del golpe militar, y se acabó. ¿Sabe usted lo que pasa? Que es un país de invisibles, que ni pincha ni corta, que no tiene nada que les pueda interesar de verdad a los grandes. Así que ya pueden matarlos a todos, que aquí no tendrán ni una gacetilla de cinco líneas, ni una alusión en una de esas tertulias de la radio. Y vaya a saber usted los cientos de millones de invisibles que andan ahora mismo masacrados sin que lleguemos a enterarnos nunca.

A Adrián le llamó la atención el curioso punto de vista de Gerardo sobre la invisibilidad. Sin embargo, nunca le habían preocupado demasiado las desdichas del mundo, y su nuevo estado había extinguido en él los últimos residuos de aquel posible interés, pero no quiso que Gerardo lo supiese, admirado de que la desdicha de su condición, la intuición de aquel abismo sobre el que en el fondo de su horror pensaba estar caminando, le dejase humor para aquellas preocupaciones. No quiso que el ciego conociese su desinterés, aunque procuraba que los comentarios sobre la actualidad diaria ocupasen en sus charlas el menor espacio posible.

Como había hecho desde el primer día, Adrián guardaba silencio cuando empezaba a llegar la gente, y luego se alejaba para buscar algún espacio solitario, a la sombra de los grandes árboles, y allí se quedaba tumbado, descabezando un sueño o buscando en los correteos de las ardillas la distracción que pudiese alejarle durante un rato de la ansiedad que, preso en aquel cuerpo que nadie podía ver, volvía a agarrotarle tras la charla con el ciego.

También aquellos días hizo diversas pruebas para conocer los límites de su restricción. Normalmente, todos los objetos que no sobrepasasen el tamaño de su mano dejaban de verse cuando se hacía con ellos. También había podido comprobar que su cuerpo era capaz de mantener invisibles diversas ropas que lo cubrieran, pero hasta un punto determinado, en que una nueva prenda colocada encima de las otras quedaba como flotando en el aire, perceptible ya a la mirada. De todo ello dedujo que la condición de invisible era una especie de irradiación de su cuerpo, impregnado en ella por la descarga de aquel objeto en forma de flor, una emanación regida sin duda por leyes que no podía imaginar.

Quería pensar también que acaso aquella suerte de energía interna iría perdiendo fuerza hasta extinguirse, y su cuerpo recuperando poco a poco la visibilidad, y que si aquello sucedía alguna vez, comprendería que había poseído un don extraordinario, capaz de abrirle todas las puertas y darle acceso a todos los lugares, y que no lo había sabido aprovechar. Y la idea de los viajes le hizo recordar los innumerables lugares del mundo que desconocía. Acaso estaba malgastando en paseos sin rumbo y conversaciones con un ciego un don que todos los seres humanos estimaban maravilloso. *Fantasy →make the most of it!*

Una tarde, mientras contemplaba distraído el paso de la gente, distinguió a Gerardo con una mujer que lo agarraba del brazo. La visión se repitió en otras ocasiones, y Adrián preguntó al ciego por aquella mujer.

—Es Felisa —contestó Gerardo escuetamente.

—Parece muy amiga suya.

—Da clase de francés en una academia. La conocí en un curso y no me la quito de encima.

—¿No le gusta?

—Es muy pesada, no hace más que decirme que estoy muy solo, y que la soledad y la ceguera son malas compañeras, y que cuando pasen los años me va ir fatal.

—¡Pues vaya unos consuelos!

—Dice que me tengo que casar.

—¿Que se tiene que casar? ¿Y con quién quiere que se case?

Gerardo guardó silencio unos instantes.

—Vamos a dejarlo, ande, amigo Adrián.

—¿Y por qué no se casa usted con ella?

—Yo ya estoy hecho a mi desgracia, y ya me he acostumbrado a vivir solo. No veo nada, pero me las arreglo. Por qué no voy a seguir así. Todavía me queda mucha vida por delante. Ella es una chica simpática, cariñosa, qué iba a hacer con un hombre como yo. Ahora está dándome la lata para que nos vayamos juntos de veraneo.

Unos días después, Gerardo le dijo a Adrián que tenía que preguntarle algo. Parecía un poco turbado, como si la cuestión fuese un poco violenta para él.

—Oiga, Adrián, tengo que preguntarle cómo es Felisa, ya me entiende.

—El pelo castaño claro, la piel muy blanca, ha debido ser pelirroja de niña. Las tetas un poco grandes. El culo y las piernas correctas.

—¿Gorda?

—Un poco gordita, pero bien proporcionada.

—Huele muy bien.

—Y va discreta vestida.

—Será por ser profesora.

—Eso será.

—Me parece que lleva gafas.

—No me he fijado bien. Creo que unas veces lleva gafas y otras no.

Mas aquellas charlas matinales, que Adrián tanto agradecía, terminaron de forma brusca. Una mañana, mientras Gerardo le hablaba sobre una obra de teatro a la que había asistido la tarde anterior, una voz cercana lo interrumpió. Era uno de los guardas del parque, que a veces merodeaba por los alrededores. En aquella ocasión, Adrián no había percibido cómo se acercaba al banco.

—Gerardo ¿te encuentras bien? —preguntó el guarda.

—¿Y por qué no iba a encontrarme bien? Salvo la vista, yo siempre tengo una salud espléndida.

—Es que te veo hablar, y hablar.

—Estoy contándole aquí, al amigo Adrián, una pieza de teatro clásico que están haciendo.

Adrián se levantó y se apartó del banco.

—Gerardo, hombre —dijo el guarda con tono cordial— estás tú solo en ese banco.

—¡Qué tío! ¡Ya se ha ido! ¡Adrián, Adrián! ¡Siempre sale escopetado!

—Te he visto últimamente hablando tú solo muchas veces, Gerardo. Por eso te pregunto si te encuentras bien.

—¿Hablando yo solo?

—Ya empiezas a preocuparme. A lo mejor necesitas tomarte unas vacaciones.

Al día siguiente, Adrián esperó a que el ciego llegase al banco con su atril y, cuando estuvo sentado, con el transistor apoyado en su oído, se acercó a él y le agarró de un brazo.

—No está usted loco, Gerardo, se lo prometo. Existo de verdad, aunque tampoco los otros puedan verme. Ojalá se lo pueda explicar algún día. Adiós, y no rechace a Felisa. Por lo menos, váyase con ella de vacaciones. A lo mejor la está perjudicando usted más con esa actitud, acaso ella lo toma como un menosprecio.

drián no volvió al banco del ciego. Un día, al cruzar una de las avenidas que rodeaban el parque, un automóvil estuvo a punto de atropellarlo. Consiguió esquivarlo, pero al mirar el parabrisas de refilón, el brillo del sol le hizo pensar que el coche estaba vacío, sin que nadie ocupase siquiera el sitio del conductor.

El automóvil se alejaba ya y comprobó que aquella imagen había sido ilusoria, pues sobre el asiento correspondiente se podía ver la nuca real de una persona bien visible. El incidente le hizo recordar que él tenía un coche, aunque durante el viaje a la casa del abuelo se lo había dejado a Paquita, la secretaria de su padre. Adrián había tenido una breve aventura amorosa con Paquita antes de conocer a María Elena, y antes también de que la propia Paquita y su padre estableciesen a su vez unas relaciones íntimas que complementaban su colaboración profesional.

Llamó por teléfono a Paquita, y ésta recibió su voz con alborozo.

—¿Dónde te habías metido?

—Andaba por ahí.

—¡Tienes preocupadísimo a tu padre, pero no suelta prenda! ¡Se pone rarísimo cuando le pregunto por ti!

—Paca, no hace falta que le digas a mi padre que he hablado contigo.

—¿Qué os ha pasado?

—Nada, Paca, de verdad.

—Allá vosotros.

—¿Qué sabes de mi abuelo?

—Que nos enterrará a todos. Parece que se ha repuesto del último arrechucho.

—Eso me alegra, de verdad.

—¡Y ya sé que has roto con María Elena! ¡Me ha llamado para que te diga que se va del piso! Pero ¿se puede saber dónde te metes?

—Oye, Paca, necesito el coche.

—A ti te pasa algo. Déjame que te ayude.

—¿Me podrías ayudar si te digo que estoy vivo y ocupo un lugar en el espacio, pero que nadie puede verme porque me he vuelto invisible?

Paquita no manifestó sorpresa, sino afecto.

—Adrián, ven esta noche a mi casa y hablamos de lo que quieras. Cenamos algo y te devuelvo las llaves del coche. Tú ya sabes que puedes contar conmigo.

—Paca, no me vas a poder ver y te vas a llevar un susto terrible.

—¿Por qué voy a asustarme de ti?

—Cuando llame a la puerta, ten todas las luces apagadas. Espera a encenderlas cuando yo te lo haya explicado todo.

—¡Qué emocionante!

Aunque hasta entonces aquel prólogo no le había sido de ninguna utilidad, Adrián seguía creyendo que un contacto físico previo, en que fuese evidente la realidad de su

cuerpo, podría paliar la sorpresa de la imposible percepción visual.

Cuando Adrián llamó a la puerta de la casa, Paquita le
preguntó desde dentro quién era, y abrió después de oír
su voz. Las luces no estaban apagadas, pero Paquita se había colocado sobre los ojos una banda de tela verde
anudada en la parte de la nuca, que dejaba caer sus extremos sobre los cabellos como un tocado. Paquita abrió los
brazos.

—El niño perdido. Sorpréndeme primero con un par
de besos.

—¿Me notas? ¿Compruebas que existo?

—Cómo no voy a notarlo. Pero te encuentro muy del-
gado. ¿Puedo quitarme la venda?

—No. Siéntate y escucha lo que te voy a contar.

Adrián relató una vez más la historia de aquella noche
y los tristes resultados de su desaparición visual. Cuando
terminó, Paquita guardaba silencio. Al fin habló, y a
Adrián le pareció encontrar en su voz una fuerte tensión
emotiva.

—¿Si te miro no te veré, entonces?

—No, no me verás.

—¿Pero nada, nada?

—Nada. Y te llevarás un susto de muerte. Por eso pre-
fiero que estemos totalmente a oscuras. Que no necesites
verme para tener la certeza de que existo y de que estoy
aquí, a tu lado.

—¿Y si a pesar de todo insisto en intentar verte?

—Va a ser muy desagradable, Paca, te lo digo yo, que
ya lo he sufrido unas cuantas veces.

Pero Paquita se había quitado la venda. Al principio,
sus ojos sufrieron ese desasosiego primero que Adrián conocía tan bien, pero luego avanzó resuelta en su dirección,
hasta apretarse contra él.

No te veo pero te noto, claro que te noto. Sigue hablándome.

—No soy un fantasma, Paca, soy el mismo Adrián de carne y hueso de siempre, que tropezó con esa maldita cosa.

Paquita estaba tan conmovida que se puso a llorar. Se apretaba mucho contra él, mientras acariciaba su cuerpo y le besaba las mejillas.

—Pobre niño mío —decía—, pobrecito invisible, estás en los huesos. ¡Lo que estarás pasando!

Estuvieron abrazados un rato, y luego Paquita se levantó y pidió por teléfono una pizza.

—¿Y qué vas a hacer?

—No lo sé. Acaso esto vaya perdiendo fuerza con el tiempo. Esperar, qué remedio.

Después de la cena, Paquita se sentó de nuevo junto a Adrián y volvió a abrazarlo y a acariciarlo con ternura, aunque sus caricias fueron adquirieron poco a poco un carácter más íntimo.

—Ven conmigo a la cama, invisible —dijo Paquita después de un rato—. Me has encendido la sangre.

Paquita se entregó a los abrazos de Adrián con un ardor que él agradecía doblemente, tras haber asumido que su condición era una de las apariencias de lo monstruoso. Paquita no había apagado la luz, y abría mucho los ojos intentando abarcar toda la invisibilidad de aquel cuerpo que se enardecía con el suyo creando en sus pieles unidas un fulgor azulado. Luego le confesaría a Adrián que aquella experiencia sexual había sido para ella muy intensa, y sin duda la más misteriosa de su vida.

—Es como estar con uno de aquellos emisarios de los dioses que decían las leyendas. De verdad que me derrite cómo estás.

A partir de aquella noche, y durante casi una semana, Adrián permaneció en el apartamento de Paquita. Ella se comportaba con él con tanta naturalidad, que Adrián comenzó casi a recobrar su conciencia de ser humano ordinario y corriente. Entre los brazos de Paquita no sólo ratificaba la existencia real y física de su cuerpo, sino que sentía que aquella tajante separación con el mundo exterior que había sido su inauguración de la adolescencia y su descubrimiento de la razón, tantos años antes, parecía amortiguarse, como si también el cuerpo de Paquita estuviese unido al suyo por algo más que el gusto del sexo y los estremecimientos del orgasmo. Aquello no le había pasado nunca, pues incluso el cuerpo de María Elena, de quien creyó estar enamorado, había sido un pretexto para el gozo del suyo, y mantenía invariablemente ajeno y lejano su pulso y su sentir.

El jueves por la noche, antes de que se quedasen dormidos, Paquita le dijo que al día siguiente, por la tarde, se marchaba de vacaciones.

—Me voy con tu padre. Estaremos una semana en Puerto Rico y otra no sé dónde. No quise decírtelo antes para que no nos pusiésemos tristes. Pero tú te quedas aquí, no faltaría más. Y te dejaré el frigorífico y la despensa repletos de cosas buenas.

Adrián recibió la noticia sin otra pena que cierta nostalgia anticipada de la alegría y la fogosidad de Paquita, como si su estado le hiciese estar preparado para enfrentarse otra vez, en cualquier momento, con su soledad de invisible en las calles inhóspitas de la ciudad y en los pasillos de los hoteles.

—No, Paca, no te preocupes. Ya antes pensaba irme carretera adelante. Han sido unos días estupendos, pero mañana por la mañana, cuando salgas, me iré yo también. Te dejo en la oficina y continúo. Me iré a recorrer la costa.

—¿Necesitas dinero?

—Esa es la única ventaja de esto, que todo lo consigo gratis.

—¿Y vas a conducir tú?

—Si se dan cuenta, pensarán que es una inocentada, cualquier invento de esos de la televisión. De todos modos, no importa. No pueden imaginar que existo, y nadie conseguirá echarme la mano encima.

—He hablado con María Elena y mañana me devuelve las llaves de tu casa.

—Eres un encanto, te lo juro. El mundo funciona gracias a la gente como tú.

El descubrimiento del centro comercial, que iba a cambiar la vida de Adrián, se produjo a la media mañana de la siguiente jornada.

Aquel día, muy pronto, Adrián había recuperado su automóvil y había llevado a su trabajo a Paquita, que no paraba de reír entre lágrimas, aturdida por la mezcla de emociones que la conmovían al despedirse de aquel Adrián invisible. Después de dejar a Paquita, buscó la ruta que lo llevaría antes a la costa. Era también la parte más calurosa del país, pero pensó que eso le permitiría prescindir de la ropa.

—Además, no necesitaré paraguas —exclamó.

Se encontraba tan animoso que hasta estaba satisfecho, como de una evidencia física más importante, del mero resonar de su voz dentro de la garganta. La semana pasada en casa de Paquita, su alegría y aquellas largas sesiones de ternezas y fervor carnal, habían aplacado bastante su abatimiento. A pesar de sus incógnitas, veía el futuro con alguna esperanza de rehabilitación y normalidad.

Cuando salía de la ciudad, uno de los rótulos que en la carretera iban anunciando las sucesivas derivaciones de la ruta le recordó que por aquellos contornos tenía su residencia campestre el profesor Dodero. A aquellas alturas del verano se habrían celebrado ya los exámenes de su asignatura, y sus compañeros, los otros profesores del departamento, habrían tenido que encargarse de los ejercicios que a Adrián le hubiera correspondido corregir. Imaginó el fastidio de los colegas y el enfado del propio profesor Dodero, herido sin duda en lo más vivo de su orgullo magistral por la falta de noticias y nuevas excusas del ayudante insumiso.

—Se acabó —murmuró Adrián con resignación—, una plaza vacante en que don José se apresurará a meter a Rafaelito o a Flora para que terminen su dichosa tesis.

Su resignación escondía una vaga complacencia que le hizo olvidar por unos instantes su invisibilidad. Descubrir que se vería obligado a abandonar su trabajo en la universidad no le producía una inquietud extraordinaria, pues en los años empleados en aquella labor sólo le había resultado verdaderamente grato el tiempo dedicado a algunas de las lecturas que tenía que hacer para escribir su tesis. Todo lo demás aparecía en su memoria como una sucesión de imágenes en que se solapaban los ojos pasmados de los alumnos y las figuras circunspectas de los demás profesores, un escenario poco estimulante sujeto a las órdenes y los caprichos de don José.

Pensó entonces desviarse hasta aquella casa en que el profesor Dodero solía pasar los fines de semana y casi todas sus vacaciones. Adrián la conocía bien, pues a lo largo de la elaboración de su tesis había tenido que visitarla muchas veces, no para recibir las necesarias orientaciones prácticas y teóricas, de las que se ocupaba sobre todo el profesor Souto, titular que solía suplir las frecuentes ausencias de don José, sino para oírle hablar a éste de sus propias doctrinas y méritos intelectuales con una estima que rebasaba los más altos niveles de la posible admiración ajena.

—Le voy a dar un susto, don José —exclamó Adrián—. Escuchará usted la cavernosa voz del Vengador Académico. Va usted a cagarse de miedo.

La vivienda campestre de don José era un pequeño chalet construido en la ladera de una loma que agrupaba otras casas similares. En la parcela había también un pino enorme, y una extensión de césped que enmarcaba una pequeña piscina.

Nada más cruzar la cancela, Adrián pudo divisar la figura de Nati, la esposa del profesor Dodero. Vestida con unos pantalones rosas que hacían resaltar la solidez de sus piernas, y con el pelo recogido por un gran turbante, la mujer descendía con solemnes pasos y aire de oronda bayadera las escaleras de la terraza, portando en las manos una bandeja. A la sombra de un toldo, sentado frente a una mesita, don José retrepaba su cuerpo también obeso en una butaca de plástico, mientras leía el periódico sin perder aquel acostumbrado fruncimiento de ceño que mostraba su incansable propósito de permanecer avizor ante los grandes asuntos del mundo.

«Soy el vengador académico, maldito déspota», diría la voz cavernosa a su oído. «Yo soy el vengador de tantos no numerarios que has humillado, de tantos inocentes doctorandos torturados.» Acaso a la voz se acompañasen algunos pescozones en las gorduras prominentes. «No defraudes las expectativas de los doctores, tirano de opereta.» Quizá arrancase también de un tirón el periódico que el profesor Dodero mantenía sujeto. «Tus polluelos deben esperar el turno, como todos, odioso kan de la semántica. Escucha y obedece mis palabras, o sabrás de lo que puedo ser capaz.» Tampoco estaría mal hacer que se levantase y darle una patada en las anchas posaderas.

Adrián permaneció unos instantes a un paso del profesor Dodero, pero al fin no llegó a hablarle ni a tocarle.

En el pequeño jardín, la mañana creaba un espacio sereno y luminoso, los pájaros gorjeaban entre el seto de arizónicas que cerraba la parcela y olía a hierba recién segada. Imaginó a Paquita sentada en vez de don José, y el lugar adquirió una medida diferente, como hecho para el júbilo. Y perdonó a don José, en una insólita evocación de las buenas gentes que también en aquellos momentos se maravillaban de estar vivas en la dulzura del tiempo cálido y del esplendor de la vegetación.

El irresistible sátrapa, vestido con una sobada camiseta de la Expo y unos pantalones de baño que permitían apreciar los miembros de su cuerpo velludo y rechoncho, mostraba solamente la figura de un hombrecillo insignificante, a la medida del propio reino que creía sojuzgar.

Pero por debajo de aquellas reflexiones había otra certeza que Adrián advirtió claramente. Las ocasionales intrusiones de su invisibilidad en el mundo ordinario habían obedecido hasta entonces a las puras exigencias de su sobrevivir cotidiano. Había tenido que moverse, vestirse, alimentarse, encontrar cobijo. Irrumpir como un fenómeno sobrenatural en la vida del profesor Dodero ya no tendría que ver con la pura supervivencia, y significaría una aceptación por su parte de aquella condición de invisible, en oposición flagrante a la repugnancia que durante todos aquellos días había sentido hacia ella. Y Adrián supo que asumir su invisibilidad para aquella agresión, por muy merecida que el profesor Dodero la tuviese, sería dar un paso en una imprecisa dirección de perversidad.

Llegó resoplando la esposa de don José y depositó la bandeja en la mesita. Se quejó del calor y, como si su gesto necesitase el complemento de una información verbal, le dijo que allí estaba el desayuno. Don José no contestó y pasó la hoja del periódico, mostrando que su atención, absorta en graves temas, no había sido siquiera rozada por la trivialidad de aquella rutina doméstica. Su esposa resopló otra vez y se alejó con pequeños pasitos.

—Pepe, no dejes que se te quede frío. Voy a bajar las persianas, para que esté fresco.

Adrián se había sentado en el asiento frontero al de don José, pero tras abandonar con decisión su propósito de interpretar el secreto papel de vengador, se levantó y se encaminó hacia su coche. Cuando el profesor Dodero apartó el periódico con aire displicente y se dispuso por fin a tomar su desayuno, los recipientes del zumo y del café con leche estaban vacíos, y la colilla de uno de sus puros se mantenía enhiesta sobre la arruinada yema del huevo frito.

—A diós, don José, adiós a todos—, murmuraba Adrián mientras iba conduciendo su coche.

Algunos anuncios comerciales le hicieron luego recordar la necesidad de aprovisionarse al menos de ciertas vituallas indispensables, y por fin la gran señal del centro comercial se presentó ante sus ojos. Desvió el coche hacia el lugar en que, presidido por una gran torreta de plástico, tras una explanada cubierta de automóviles, se encontraba el enorme edificio.

Desde su transformación en invisible, Adrián nunca había tenido ocasión de visitar un lugar semejante, y aunque aquella vez había entrado allí con el propósito de dedicar el menor tiempo posible al sucesivo acarreo de alimentos y bebidas, para reunir una reserva suficiente en el maletero de su coche, antes de empezar su acopio se dio un paseo por los diferentes espacios, considerando con un interés inusitado lo enorme del lugar y la diversidad de lo que guardaba Abundancia accesible, pensó, abundancia cosechable sin dificultad.

Un primer recorrido por los pasillos y recovecos le mostraba aquel sitio bajo un aspecto que nunca antes había podido valorar, pues todo lo que es sustantivo para la supervivencia de un invisible estaba allí, al alcance de la mano, dispuesto para su uso inmediato, los cepillos de dientes y los yogures, los calzoncillos y las mantas, las frutas frescas y los frutos secos, las maquinillas de afeitar y las tabletas de chocolate, los reproductores de música y los zapatos, los libros y el pan.

De repente se le ocurrió a Adrián que aquella enorme nave, que iluminaba la blanca luz sin sombras que no induce al ejercicio de los sentimientos sino a la observación atenta de los objetos, era una isla ideal para un náufrago como él. Haberse hecho invisible era haber sufrido una especie de naufragio que había transformado la realidad habitual en un océano hostil en que flotaba precariamente, sin acabar de llegar a un sitio donde pudiese tener siquiera la tranquilidad del suelo firme. Aquello era, sin duda, una isla, con el repertorio de todas las ayudas para las necesidades urgentes de la vida.

Su paseo de reconocimiento duró bastante tiempo, porque además almorzó allí diversas clases de quesos, un poco de paté y un pollo asado. Luego empezó a preparar lotes del tamaño preciso para que mantuviesen la invisibilidad que su cuerpo les concedía, y los fue llevando al coche, en cuyo maletero iba ordenando las latas de bebidas, los paquetes de galletas, los botes de mermelada, los embutidos y otros productos que también necesitaba, como papel higiénico, licor dentífrico, camisetas.

Cuando concluía su última carga, tuvo el atisbo de una revelación que le cortó el aliento y le inmovilizó, como si alguien lo sujetase.

Junto al último anaquel de uno de los pasillos laterales, casi al fondo, le pareció vislumbrar una figura borrosa, con el color azulado parecido al de ciertos animales marinos, ese reverbero que, siempre cercano a sus ojos, había llegado a ser tan familiar para él.

El pulso de Adrián se aceleró. Dejó las cosas que en aquel momento acarreaba, se dirigió a la figura vislumbrada sin dejar de mantener fija en ella su mirada y, cuando estuvo más cerca, pudo comprobar que no se había equivocado al juzgar su naturaleza, pues tenía la apariencia de su propio cuerpo, aunque con las formas de una mujer. Era una invisible.

La invisible estaba en la sección de librería, colocada entre dos grandes expositores de novedades, con la espalda muy pegada a la parte lateral del estante, acaso para prevenir que los visibles pudiesen tropezar con ella en su afanoso deambular en busca de mercancías. La invisible hojeaba un libro con atención.

Adrián llegó hasta ella y la tocó en un brazo, murmurando un saludo, pero ella se sobresaltó y, sin mirarle apenas, echó a correr por el pasillo que comunicaba todas las secciones, alejándose hacia el fondo de la nave. Adrián, que también había echado a correr intentando darle alcance, acabó por perderla de vista. En su carrera, los invisibles habían tropezado con varios compradores, desplazando y empujando sus carritos de compra, pero el tumulto no causó inquietud entre los demás, absortos en su dedicación de cargar los propios carritos.

Saber que no estaba solo en el mundo había conmocionado a Adrián. En la isla vivía un compañero, una chica, pensaba. Imaginó que aquel era el lugar de su residencia, tras haber comprobado las buenas condiciones que reunía para la supervivencia de alguien como ellos. Se dispuso a encontrarla, y se instaló también entre los anaqueles de libros de aquella sección, pero la invisible no volvió a aparecer en toda la larga jornada.

Llegó la hora del cierre y el establecimiento quedó libre de clientes, aunque en ciertas dependencias del fondo, donde se hallaba la gerencia, todavía permanecían atareados algunos empleados. Luego llegaron los hombres uniformados que debían transportar la última recaudación del día. La rigidez de sus ademanes, entre policial y bélica, comunicó una pasajera tensión al lugar, y por fin la enorme sala quedó del todo vacía y silenciosa.

La luz blanca y homogénea había quedado sustituida por algunos pequeños focos distribuidos a lo largo del techo, y se alternaban en el enorme espacio grandes zonas de oscuridad con otras de penumbra, entre los finos chorros de luz ordenados como columnas. De la compacta claridad no quedaba nada, y sólo se podían apreciar los grandes paralelepípedos sucesivos de los largos anaqueles y el reverbero tenue de la superficie de las mesas frigoríficas, en una imagen de mausoleo o necrópolis que parecía vengarse de la cotidianidad de las legumbres, los champús y las ofertas de atún enlatado. Cuando la quietud fue total, Adrián empezó a recorrer la sala dando voces.

—¡Invisible, sal de una vez! ¡Soy tu semejante, tu hermano! ¡Invisible, contesta! ¡Soy tu compañero! ¡Sé que estás ahí!

Sus llamadas no encontraban respuesta, pero él no dejaba de vocear, cada vez más ansioso por recibirla. Por fin, en el acceso cubierto de tiras flexibles que comunicaba la parte de las ventas con los almacenes interiores, apareció la borrosa figura de la mujer.

—¿Quieres callarte ya? ¡Los vigilantes nocturnos llegarán enseguida aquí!

Adrián se acercó a ella y la abrazó, sin que la mujer ofreciese resistencia. Luego se quedó contemplando en silencio la imprecisa corporeidad que podía percibir, similar a la propia, sintiendo que los latidos de su corazón habían vuelto a acelerarse como si acabase de correr un largo trayecto.

—¿Por qué te escondías?

—Me sentía confundida. No podía creerme que hubiera alguien como yo.

—¿Te asusté?

—Me desconcertaste.

Adrián le cogió las manos y se las apretó.

—No puedes imaginarte lo bien que me siento.

La mujer respondió al apretón.

—A mí también me alegra mucho haberte encontrado.

—Yo me llamo Adrián.

—Y yo, Rosa.

Rosa tenía su escondrijo en la nave almacén. Aquellos espacios eran también gigantescos, y en sus estanterías se amontonaban las cajas de los diferentes productos que se ofrecían a la venta en la nave contigua.

A aquella hora, las máquinas que servían para transportar y colocar los cajones de mercancías se agrupaban inmóviles en el centro, con aire de descanso, y todo tenía una apariencia pastoril, como si el reposo nocturno de las cosas y la quietud de los instrumentos con que se transportaban, no difiriese tanto del de aquellos primeros bienes de la humanidad que fueron los rebaños y los perros. El polvo de la jornada llovía sobre las cosas para cubrirlas con un tacto de abandono, de tiempo viejo, y no parecía que hubiesen transcurrido apenas unas horas desde la interrupción del ajetreo diario.

En el fondo de la nave, en el punto de su confluencia con otras edificaciones accesorias, había una especie de techo vacío, al que se llegaba por una escalera de mano oculta tras los últimos contenedores. Allí estaba el cobijo de Rosa, que había instalado un colchón, un pequeño escritorio y una silla de ordenador. Había también un minúsculo sofá de espuma de plástico y un ventilador en vaivén que dispersaba su soplo en aquel punto del gran reducto. El sofá estaba rodeado de una guirnalda de libros y discos compactos. Un poco apartados, había un pequeño mueble frigorífico y un cabrestante.

Aquella noche apenas hablaron. El encuentro de Rosa había obligado a Adrián a considerar su situación desde la nueva perspectiva de saber que no era el único invisible del mundo, lo que le había hecho sentir una euforia de la que él mismo estaba sorprendido. Apenas hablaron, porque la alegría de Adrián llevó consigo un repentino sosiego a su ánimo. Observó el cobijo que la muchacha había creado en aquel enorme voladizo y luego se echó en el suelo, con la cabeza apoyada en el colchón.

—Cuéntame cómo llegaste aquí —dijo, cerrando los ojos, pero se quedó dormido.

La euforia persistía al día siguiente, aunque al abrir los ojos, se encontró con los miembros doloridos por la postura que había mantenido durante tantas horas. La luz difusa, que se vertía desde algunas claraboyas, propiciaba una penumbra en que las masas de las innumerables cajas desiguales, dispuestas en las estanterías o amontonadas contra las paredes, aparentaban ser los grandes bloques pétreos de alguna construcción faraónica, como los ordenados estantes y las mesas de la nave comercial habían ofrecido en la noche su bulto de imaginarios nichos y sarcófagos.

Rosa no estaba, y Adrián esperó su llegada curioseando los libros y los disquetes esparcidos por el suelo. Encima del escritorio, que en realidad era una pequeña mesa de ordenador, había un cuaderno y unos cuantos bolígrafos y rotuladores. Adrián abrió el cuaderno y vio que, dispuestas en sus páginas, había frases o párrafos y dibujos elementales, que parecían puros garabatos.

La sombra del corazón, la parte clara, estaba escrito en una página. *El dolor es el fulgor del mundo,* decía en otra. Y también: *¿Cuándo? siempre. Pero ¿cómo? ésa es la cuestión.* En una página había solamente un punto muy grueso, cuidadosamente dibujado en el centro. En otra decía: *En la enciclopedia, una foto de un muchacho de Ninchapour. El chico de Ninchapour.*

Adrián empezaba a leer un texto más largo, escrito con letra muy pequeña, cuando la cabeza de Rosa asomó sobre el nivel del suelo. Su voz mostró que aquella curiosidad de Adrián le había molestado.

—¿Qué haces?

Adrián la miró con sorpresa.

—¡Eso son cosas personales!

—Perdóname —repuso al fin Adrián, muy avergonzado—. No sé lo que me pasó.

Sí que lo sabía. El encuentro de Rosa había mitigado su angustia, pero también había suscitado en él un fuerte sentimiento de fraternidad, una irreflexiva disposición a tratar a la invisible como a una réplica de sí mismo. Lo similar de la situación, la conciencia de su rareza, anulaba una distancia que en el estado ordinario no se le habría ocurrido ignorar.

—Perdóname —insistió, consternado—. Ha sido una falta de discreción tremenda.

—Bochornosa, lamentable —añadió la invisible.

Había trepado ya al lugar del escondrijo y lo miraba con aire muy hostil.

—¿Tienes algo para desayunar? —preguntó Adrián, aunque se sentía menos acuciado por el hambre que por el ánimo conciliatorio.

—Ahí tienes leche y copos de maíz. Es lo que yo desayuno. Si quieres otra cosa, vete a buscarla. Hay platos de papel en esas cajas.

Rosa hablaba con sequedad. Con el mismo tono ajeno y frío, le dijo después que, si quería asearse, debía usar los servicios del gerente.

—Tiene una ducha de agua caliente. Siempre es buena hora, porque no para de estar ocupado en su oficina, pero cuanto antes se vaya mejor, menos gente. Puedes ir ahora mismo. Para llegar allí te cogen de paso la sección de perfumería y la de ropa blanca.

—Iré ahora mismo —repuso Adrián, dócilmente.

—¿Cuándo te piensas marchar?

Adrián se quedó mudo. Pensó que el encuentro de aquella semejante no sólo había interrumpido el inicio de su viaje, sino que le había hecho posponerlo indefinidamente. Consideró el asunto unos instantes, y por fin respondió que más tarde hablarían de ello. Pero a su regreso de la ducha, volvió a pedir perdón a Rosa y le explicó que su encuentro le había impresionado tanto, de una manera tan beneficiosa para él, que no podía pensar en marcharse todavía.

—Me imaginaba que yo era el único invisible y me sentía muy desdichado. Encontrarte ha sido demasiado importante para mí como para dejarte ahora. Necesito seguir contigo unos días, darme cuenta del todo de que eres cierta. Pero no quiero molestarte.

—Yo no puedo prohibirte que te quedes aquí. Además, esto es enorme. Te buscas tu propio refugio, y en paz.

—Pero aquí, Rosa, cerca de ti, en este mismo sitio. ¿Es que no puedo poner un colchón al otro lado del sofá?

Rosa no contestó, pero por la tarde, mientras escribía en su cuaderno, levantó la cabeza y volvió hacia él los ojos.

—De acuerdo, puedes quedarte conmigo. Pero no quiero que vuelvas a meterte en mis cosas. Digamos que somos compañeros de desgracia, que hemos coincidido en el mismo accidente. Ninguna otra circunstancia nos une. Estaremos juntos por una cuestión de interés mutuo, para ayudarnos a sobrevivir. Nada más. Mi intimidad es sagrada. No te tomes confianzas conmigo.

Adrián pidió perdón otra vez.

—Te ayudaré a traer un colchón —repuso Rosa—. Pero que sepas que nuestra sociedad puede disolverse en cualquier momento, por la voluntad de cualquiera de los dos. Yo llevo ya casi tres años sola. Igual que me las he arreglado hasta ahora, puedo seguir arreglándomelas.

Subieron hasta el altillo un colchón. Adrián, a quien le gustaba tener las cosas ordenadas, montó también unas estanterías de madera, para que sirviesen de librerías.

A última hora de la tarde, cuando el calor empezó a aflojar, Adrián y Rosa bajaron de su escondrijo y se acercaron a la zona comercial para elegir la cena, y después de cenar salieron al exterior. Habían echado a andar por la parte trasera de las grandes naves, buscando una puertecita que Rosa conocía bien, una salida de seguridad. El mecanismo para abrir y cerrar estaba conectado con el equipo de alarma del edificio, pero Rosa tenía práctica en interrumpir la conexión. El anochecer era muy cálido, casi sofocante, pero el fuerte olor a hierba seca les liberaba del impreciso aroma a podredumbre y desodorantes que llenaba todos los espacios interiores del centro comercial. Por eso pensaba en cementerios y faraones, comprendió Adrián, sorprendido de aquella curiosidad olfativa.

En un extremo del edificio había un conjunto de pequeñas salas de cine, y entraron en la que anunciaba una película que estaba siendo muy popular en la temporada.

La sala estaba muy fresca y la película, con muchos efectos especiales, tenía como asunto la probable destrucción de la Tierra como consecuencia de la colisión de un meteorito. También en aquella ocasión se sorprendió Adrián a sí mismo de la frialdad con que asumía la emergencia de un fenómeno como aquel, si de verdad sucediese en la realidad. Eso son ideas de muerto, pensó, pero yo estoy vivo, vivo.

—¡Qué gusto por las catástrofes! —decía Rosa, después de que hubieron salido del cine, mientras se alejaban por la explanada—. ¡Les encantan las películas sobre catástrofes! Es como si conjurasen el destino desde su confort y su convicción de ser los únicos humanos completos y logrados del planeta. Para ellos, el sentido de la supervivencia tiene que ejercerse verdaderamente en esos casos, frente a una amenaza cósmica y totalmente destructiva, que con su coraje y su tecnología solamente ellos son capaces de detener, mientras los demás miramos impotentes, o rezamos. Para ellos, la supervivencia no puede relacionarse con la absoluta inanición, con el último grado de la miseria. Eso es cosa de los animales salvajes y de ciertas clases de homínidos que todavía parecen quedar en el mundo.

—Al fin y al cabo, allí puedes conseguir cinco centavos por una lata vacía de cocacola —repuso Adrián.

Rosa hablaba con voz suave, y Adrián quiso percibir que su enfado de la mañana había desaparecido.

—¿Tú has visto alguna vez una catástrofe de verdad, que afecte a mucha gente?

—¿De cerca? ¿En vivo? La verdad es que no, nunca ¿Y tú?

—Yo estuve en África, en los grandes lagos. Sin efectos especiales, con el horror al alcance de la mano.

Rosa relató a Adrián algunos extremos de aquella aventura.

—Si hubieses estado alguna vez allí, sabrías lo que es la agonía y la inanición vividas con toda naturalidad, como una costumbre. La televisión no es ni una ventanita, es un agujero del que se vierten cosas que llegan a nosotros, pero que casi no sirve para mirar afuera. Si alguna imagen suscita una pequeña desazón, todo lo que la sigue, lo que nos rodea, está dispuesto para blindar nuestra sensibilidad. Además, esas imágenes ocupan menos espacio que los anuncios, y hasta pienso que pertenecen al conjunto de la información que nos habla de la vida de los animales silvestres y la selva primitiva, y se acomodan a nuestra conciencia como señales de una reserva humana pintoresca, que replica las reservas naturales que transmiten los documentales. Hay peces que llevan a sus crías en la boca, los leones se comen a las gacelas, algunas mariposas realizan larguísimos vuelos nupciales, ciertas hormigas cultivan hongos. También hay sequías y guerras que producen esos efectos infortunados cuyo testimonio más estridente es algún niño esquelético en cuyos ojos abrevan las moscas. Esas imágenes dan testimonio de una clase de ecosistema, y nuestra repulsión, aunque pueda contener una gran dosis de piedad, pertenece a los mismos registros de lo exótico. Pero las mariposas de formas extrañas, los grandes felinos o los peces capaces de sobrevivir entre el barro seco son ejemplos de algunos reductos vivos, acaso en extinción, mientras que esas mujeres flacas que sostienen entre sus pechos desinflados el cuerpo agonizante de sus hijos, aunque individualmente lo tengan difícil, están en expansión como especie.

—¿Eras ya invisible?

—Yo creo que sólo gracias a mi invisibilidad lo pude aguantar. Me daba cierta protección psicológica, una certeza de alejamiento, una seguridad de estar fuera de aquello. Una vez decidí actuar. Conseguí un cuchillo y, por la noche, rajé las ruedas de los vehículos de unos soldados

que controlaban el paso de la gente, en una zona que era para muchos un auténtico moridero. Mi gesto sólo sirvió para que, al día siguiente, bombardeasen el lugar donde estaba el campamento más cercano. La gente ya se había movido aquella noche y el castigo no hizo demasiado daño, pero comprendí que yo no podía hacer nada que pudiese ayudarles y que, al contrario, mis actuaciones furtivas podrían perjudicarlos mucho más. Al fin me subí en uno de los aviones de suministros y me marché de allí. Volví a mi ciudad, pero enseguida me puse a viajar otra vez.

Adrián se sorprendía de que Rosa se hubiese dedicado a viajar, y le confesó que él apenas la víspera de aquel día había conseguido salir del marasmo que lo tenía sujeto a las calles de la ciudad como un hechizo. Acabaron de cruzar el aparcamiento y siguieron un sendero que se ramificaba en distintas direcciones.

—También yo, inmediatamente después de hacerme invisible, estuve como tú, enloquecida, incapaz de reaccionar y moverme. Me duró una temporada larga.

—¿Cómo te volviste invisible? ¿Encontraste la planta?

—¿La planta? No sé de qué me hablas.

—¿No tocaste una flor, una planta extraña?

—A veces sueño que toco una flor de luz azulada, de tallo muy largo, con muchos pétalos.

—Así era la que yo encontré.

—Acaso sea el recuerdo olvidado de algo real. Fue a finales de junio. Nos íbamos a pasar aquellos días herborizando. Cosa de mis estudios. Aquella noche la gente bebió más de la cuenta y se puso inaguantable. Yo me fui sola a pasear al bosque. Hacía una noche preciosa. Cuando regresé, era invisible.

Desde un altozano, tras la gran masa de arbolado que cercaba una propiedad, se oía un sonido de música y risas.

El altozano separaba del resto del terreno una gran urbanización. A sus pies se extendía una zona suavemente movida, que se alejaba por los desmontes en que se alzaban, como restos de alguna batalla, viejas edificaciones abandonadas y ruinosas. Más allá de otro ribazo que creaba una brusca separación, destacaba una gran casa decrépita, con los huecos de las ventanas y de la puerta carcomidos, que parecía estar empezando su desmoronamiento definitivo. Rosa se detuvo para contemplar la casa unos instantes, y luego siguió andando. Sendero arriba, entraron en uno de los accesos laterales de la urbanización y caminaron despacio por las calles solitarias. La vegetación arbustiva y las superficies de césped recién regado formaban un ambiente de frescor. La casa de donde salían la música y las risas era grande, y un perro también enorme se acercó a la cancela para ladrarles, con una hostilidad que sin duda concentraba un rechazo bien aprendido de sus amos.

—Cuidado con los perros —dijo Rosa—. Con ellos no hay invisibilidad que valga. Uno estuvo a punto de matarme, en un pueblo de Hungría.

—¿Has viajado mucho?

—Un día desperté de aquella depresión y me puse a recorrer el mundo. Pero me costó mucho salir, no creas.

Al final de la calle había un chalet que parecía deshabitado, y la luz de las farolas de la calle ponía en el jardín un aire agreste y recogido. Adrián empujó la cancela, que sólo estaba asegurada por un pestillo corredizo, y entraron en el jardín. Había también un estanque y un pequeño velador con sillas de hierro, pero el descuido indicaba que nadie vivía en la casa. Era sin duda un lugar abandonado, que olía fuertemente a algas y plantas silvestres, y a Adrián, mientras se sentaba en una de las sillas, le desazonaba la atracción que el lugar y sus olores habían despertado en él.

—Hasta fui a una bruja. Cuando logré comprender lo que me había sucedido, hablé primero con mis padres. Me imagino que tú habrás sentido también esas miradas de miedo que no consiguen fijarse en ti. Mi madre se puso a llorar y no paraba. Tu hermano con eso y tú así, decía, porque tengo un hermano con el síndrome. Pero lo mío tenía aún menos tratamiento. Yo me dejaba llevar de aquí para allí, siempre en el mayor de los secretos, como otra especie de vergüenza familiar. Eran esos primeros días en que tienes la cabeza de corcho, donde las ideas se disuelven antes de conseguir concretarse y hasta crees que has muerto.

—¿Pero todavía quedan brujas?

—Todas las que quieras. Esa me quiso dar una pócima asquerosa y yo decidí dejarlo. Y con la medicina oficial no me fue mejor. Mi novio estaba de flamante interno en el hospital. Me llevaron con todo sigilo, venían a visitarme varios médicos muy severos. Me palpaban sin hablar, me sacaron sangre, descubrieron que mi cuerpo sí era sensible a los rayos equis y a las ecografías. Mi novio me venía a ver a veces, pero nunca buscaba mi cara para besarme. Besaba a bulto, en el cobertor, mi hombro, mi rodilla. No te preocupes, mi vida, decía, pronto encontrarán lo que te pasa, y se iba enseguida. Por fin me metieron en una zona en que no se podía entrar ni salir si no llevabas una tarjeta magnética, y se empeñaban en que les ayudase a ponerme un catéter, como les había ayudado a meterme la intravenosa. Que si me iban a poner sedantes, que si era lo mejor para el tratamiento. Pero yo estaba bien, me sentía estupendamente de salud. Quise salir y la enfermera me dijo que tenía órdenes estrictas de no dejarme mover. Agarré el catéter y le puse la aguja en el cuello. O me abres o empiezo a pincharte. Salí de allí y me di cuenta de que ya no tenía familia, ni novio.

En el jardín había muchos mosquitos, pero Adrián no se atrevía a interrumpir el relato de Rosa.

—Al principio no sabía qué hacer, como tú, no comprendía la ventaja de ser invisible, andaba por la ciudad de un lado para otro, una ciudad que no sabes cómo es de caliente por estas mismas fechas. Esto es delicioso comparado con aquello. Un día, escondida en un hotel, encontré una revista con unas fotos escalofriantes sobre lo que estaba sucediendo en África, y me sentí conmovida. Viajé para llegar al punto del que salían los aviones de suministro. Me resultó muy fácil todo. Y desde que regresé de África no he parado de viajar. Había visto tantos horrores que decidí cambiar, y conocer los lugares bonitos del mundo, los espacios más bellos de la naturaleza, pero no sé cómo me las he arreglado, que siempre he acabado perdida en medio de la miseria humana. La verdad es que yo no sé estar donde no hay gente. Y donde hay gente, sobre todo si te vas un poco lejos, siempre hay mucha más miseria de la que te puedes suponer. El mundo está hecho una mierda, aunque casi no lo veamos.

—Un ciego que no sabía lo mío, pero con el que hablé mucho, decía que las cosas sustanciosas del mundo se mantienen invisibles. Pero qué iba a decir un ciego.

113

—**H**oy es sábado y soy un ángel —dijo Rosa.

—¿De qué hablas?

—Todos los sábados soy un ángel. Hoy seremos dos. Ven conmigo.

A lo largo de la semana, Adrián había ido percibiendo que la reserva con que Rosa lo acogió tras su inicial indiscreción parecía ir sustituyéndose por una incipiente cordialidad. No le había vuelto a preguntar por su partida. Además, desde su primer paseo juntos, no había dejado de proponerle ir con ella al cine, o a visitar el pueblo cercano, antes de recorrer los senderos que atravesaban los desmontes para pasear por las frescas calles de la urbanización frontera. Una noche habían vuelto al jardín abandonado, y otra se habían bañado en la piscina de un gran chalet mientras sus dueños dormían.

En aquellos paseos, entregados a una charla incesante, habían sabido muchas cosas el uno del otro. Adrián había rememorado la noche en que se hizo invisible, y cómo, poco antes de lo que denominaba su accidente, se encontraba evocando el momento de su vida en que había perdido la intuición de pertenecer a un universo unánime y compacto, para convertirse en un fragmento solitario y titubeante.

—¿Cómo podía imaginar que aún podía ser peor? ¿Que podía llegar a estar así, convertido en un espectro?

—No eres un espectro. Tienes las mismas necesidades que toda la demás gente —dijo Rosa.

—Llámalo como quieras. Soy invisible. El colmo de la separación de los demás. Ahora sí que estoy desgajado de todo.

—Para mí, sin embargo, la adolescencia fue el inicio de un sentimiento de integración. Empezaba a entender la complejidad del mundo y tenía el propósito de formar parte de él. Era un sentimiento de conquista, no de pérdida.

—¿Y la invisibilidad?

—Intento verla como una especie de aminoración, brutal, claro, de mis capacidades normales. En el mundo abunda también la gente para quien todo lo ordinario le es adverso. Cuando estudiaba, tenía un compañero de estatura enana, un auténtico liliputiense, que no alcanzaría el metro de altura. Todo lo que le rodeaba estaba en contra suya, las aceras, los escalones, los pupitres, las ventanillas de los bancos, las barras de los bares, las butacas de los cines.

—Los urinarios.

—Claro, los urinarios, los automóviles, los buzones de correos, los mostradores de las tiendas, las sillas y las mesas y las camas. Ninguna de las medidas de las cosas había sido pensada para seres como él. Sin embargo, no puedes imaginarte la entereza con que afrontaba su terrible desventaja. Iba siempre a clase, prestaba los apuntes, se ofrecía voluntario para hacer trabajos. Tenía el propósito de doctorarse y trabajar como cualquier otro. Yo acabé admirándole mucho, no sólo porque aquel cuerpo diminuto albergaba una cabeza mejor ordenada que muchas de tamaño normal, sino porque en su actitud ante las cosas proclamaba eso que se llama la dignidad de lo humano, y el saber estar con la razón encendida en medio de la calamidad personal. Para los griegos, la imagen de la belleza armoniosa de nuestro cuerpo simbolizaba también otras dimensiones más profundas de nuestra naturaleza. Como un reverso de aquello, que no lo contradecía, para mí aquel minúsculo semejante también era un símbolo magnífico de lo humano.

—Pero, al menos, él se puede comunicar con normalidad.

—¿Tú crees? Él es como nosotros, otra especie de invisible, que tiene que asumir con un esfuerzo continuo un mundo que se ha negado a mirarle y a pertenecerle, y luchar día tras día contra él.

Estaban entre las ordenadas alineaciones de la nave comercial. El primer turno de vigilancia se había ido ya tras su recorrido, y Rosa iba cogiendo provisiones de las estanterías y guardándolas en una mochila. Cuando la tuvo llena, ayudó a Adrián a ponérsela en las espaldas, y preparó otra igual para ella. La invisibilidad de los cuerpos no conseguía transmitirse a las mochilas, que destacaban de las borrosas figuras su sólido volumen oblongo.

—Vamos de excursión —dijo Rosa, sin descubrir el misterio—. Ya te digo que todos los sábados soy un ángel. Hoy seremos dos.

En sus charlas de aquellos días, Rosa le había confesado que en aquel lugar estaba viviendo una especie de enclaustramiento dedicado a la reflexión.

—Pasaba delante, en autobús, de regreso a mi ciudad, pues a pesar de todo no puedo dejar de acordarme de ellos. Me llamó la atención esa torreta, como si fuese un *campanile,* y luego vi que había unos cines. Se me ocurrió hacer un alto, ya sabes que nosotros nos metemos en cualquier sitio. Luego, me quedé.

—Cuando entré, a mí me pareció que esto era el lugar ideal para un invisible —repuso Adrián—. Además, con este calor, hasta tiene aire acondicionado. A pesar del tufillo.

—Me hice un refugio e intento poner en orden mis pensamientos. Ya te dije que al principio sentía mi cabeza como si fuese de corcho, y luego las ideas no acababan de ordenarse. Durante muchas semanas, creí que mi pensamiento iba a descomponerse en miles de chispitas de colores, como una de esas grandes palmeras de los fuegos artificiales. Pero poco a poco todo fue volviendo a su sentido. En África contemplé un horror refulgente, cegador, y además mudo, porque no necesitaba palabras, ni sonidos, para expresarse. Me hice un refugio aquí y pienso, anoto lo que se me ocurre, esas cosas que te pusiste a curiosear el primer día. Se me ocurre que he cubierto una primera etapa de mi estado de invisible, y me pregunto qué hacer.

—¿Qué hacer? —repuso Adrián, sin entender claramente lo que Rosa decía—. ¿Qué podemos hacer?

—Parece que ser invisible te permitiría sortear los obstáculos, acceder a lo escondido, llegar al punto en que se preparan las fechorías, castigar a los culpables. Yo lo he intentado, pero no me ha salido bien, porque mi actuación no era la correcta. Hay que hacerlo mejor, hay que acertar.

Adrián apreciaba cómo Rosa se acaloraba y conmovía, asombrado de que tuviese tanta capacidad para convertir su estado en un elemento más para sopesar la dimensión de las cosas reales.

—Mas aunque fueses el más eficaz de los justicieros del mundo, las cosas iban a cambiar muy poco —añadió

Rosa, en una respuesta para sí misma que parecía reproducir sus dudas—. Todo está trabado, y la cadena de la iniquidad es la más firme de cuantas existen. Por eso me sigo preguntando qué hacer.

Adrián recordó su frustrada tentación de castigar con un susto al profesor Dodero.

—Yo me admiro de ti —exclamó—. Hace unos días hablaba con aquel Gerardo, el ciego, y también me admiraba de él. Desde que soy invisible, conozco gente curiosa. ¿Cómo podéis seguir dedicando tanto tiempo a pensar en el mundo que os rodea? No sé si entre el mundo y tú hubo armonía alguna vez, pero ahora sí que ya no la hay. Digas lo que digas, nuestro mejor destino sería hacer de espectros en un castillo en ruinas.

Por un instante, Adrián pensó que acaso su propio destino fuera ése, acabar en uno de los monasterios que arruinó la desamortización llevando una existencia fantasmal. Aunque esa clase de vida, en un monasterio ruinoso, tenía en su contra la falta de unas condiciones mínimamente decentes de alojamiento y manutención.

—¿Nunca te has parado a pensar en que eres un gran egoísta?

—Puede ser. Pero nunca he creído en ningún tipo de comunión. Son inventos para aturdirse y no pensar en la soledad y en la muerte. Cada uno tiene que vivir su vida, para bien o para mal.

—¿Y el amor?

—Lo mejor de mi existencia de invisible, y hasta de visible, de los últimos meses, ha sido la otra semana, que me la he pasado en la cama con una mujer encantadora de la que no estoy enamorado, como ella tampoco lo está de mí. Lo del amor sigue siendo materia del género romántico, para las letras de las baladas y los argumentos de los culebrones. Mi novia dejó de quererme sin más ni más, y cuando lo supe, yo sentí que tampoco la había querido nunca Claro que cada uno de nosotros es un caso.

—Esos miserables escapan de un lado para otro con sus hijos a cuestas. Se les mueren en los brazos, pero no los sueltan. Y hay gente que está intentando llegar hasta ellos para llevarles un paquete de leche en polvo. ¿Tú crees que eso pertenece al género romántico?

Y aquel sábado, Rosa le había dicho que los dos eran ángeles, y le había hecho cargar con la mochila llena de productos escamoteados de las estanterías. Ambas mochilas debían de ofrecer una visión extraña, mientras ellos descendían por el sendero, pensaba Adrián, pero no había por allí nadie que pudiese advertir el paso de los bultos ingrávidos y bamboleantes.

—Cuidado con el suelo, está lleno de baches.

—¿Se puede saber a dónde vamos?

Bajaban en dirección a aquella casa ruinosa de ventanas y puertas deformes que iniciaba los desmontes, al pie de la urbanización. Al rebasar el pequeño ribazo, Adrián pudo ver que, en un punto del suelo, había dispersas en forma de círculo varias velas encendidas. Su envoltura de plástico rojo ponía en el suelo un resplandor sanguinolento.

—Hemos llegado —dijo Rosa.

Se quitaron las mochilas y las dejaron en el círculo luminoso. Salió entonces de la negrura una figura humana, y una voz gangosa habló con alegría.

—¡Has venido otra vez, ángel!

—Ya te dije que os visitaría mientras permaneciese en este lugar. Hoy vengo con otro ángel.

—¡Otro ángel!

—Salúdales, anda —le dijo Rosa a Adrián, dándole una palmada en la espalda.

—Aquí estoy —repuso Adrián, con muy pocas ganas.

—¡Dos ángeles!

—Acércate más, Iván. Quiero que mi compañero te conozca.

El tipo se acercó. Olía a alcohol y hablaba con una voz de boca desdentada.

—Salud. Yo soy Iván Pordiosero, el que anuncia los nuevos tiempos —dijo—. La humanidad formará una sola república laica, sin dinero ni fronteras. Se racionarán los alimentos para que todos coman. No habrá hijos sin padre.

—Lo de eliminar la moneda me parece complicado —repuso Adrián.

La voz desdentada titubeó unos instantes.

—Se cambiarán unas cosas por otras. Pero si es preciso, cada uno podrá hacer su propia moneda, y todas las monedas serán válidas.

—Es ingenioso, por lo menos.

—Nadie dormirá en la calle, si no quiere. Los grupos que intenten separarse por razones de nación, religión o raza serán obligados a beber la cicuta.

—¡Eso está muy bien!

—¡El progreso será detenido de una vez! ¡La gente podrá tomarse el tiempo que quiera para hacer sus cosas! ¡Los relojes serán declarados superfluos! ¡El Boletín del Estado será sustituido por el Calendario Zaragozano!

En la voz desdentada vibraba un júbilo extraviado.

—Bien, Iván, ya podéis retirar esos regalos, y repartir- los con vuestros compañeros.

Otra figura humana se acercó cautelosa al círculo. In- clinada, daba humildes cabezadas mientras se hacía cargo de una de las mochilas. Luego, Iván y su acompañante descendieron lo que quedaba de sendero hasta la casa. Ante la fachada se veían otras gentes, y en el grupo se en- cendieron los focos de algunas linternas, cuya luz serpen- teaba en el borde del ribazo. Adrián y Rosa descendieron también.

—¡Dos ángeles! —decía el que había hablado—. ¡Hoy vinieron dos ángeles!

El otro se dirigió a los demás hombres en lengua árabe, de la que Adrián había estudiado en la carrera algunas no- ciones, pero no fue capaz de entender lo que decía. Las lin- ternas iluminaban las mochilas mientras los hombres las llevaban hasta el interior de la casa. En el centro, en una zona exenta de cascotes, se extendían algunos colchones viejos. A la luz de las linternas, los hombres repartieron los quesos y el resto de los alimentos que venían en las mo- chilas. Terminado el reparto, charlaron un poco. Algunos fumaban. Adrián y Rosa remontaron el sendero y busca- ron la ruta de la urbanización.

—Los descubrí la misma noche que me quedé aquí. Es- tán recién llegados. He tenido ocasión de seguirles, y to- dos son amigos o parientes de otros que llegaron antes a la zona y que ya están más o menos instalados en el pueblo, aunque tan estrechos de sitio en sus viviendas que éstos no pueden acomodarse con ellos. Pero dormir aquí les sale gratis, y el tiempo lo permite. Van cada mañana a la plaza, a esperar que alguien los busque para regar jardines, car- gar bultos o hacer alguna chapuza de albañilería.

—¿Y el que te habló?

—Ese es un mendigo alcohólico. Pide limosna en los semáforos y reparte unos pasquines que firma con ese nombre, Iván Pordiosero. Propugna un mundo como ha dicho, sin moneda ni fronteras.

—Es un filósofo.

—En su programa dice también que los feos tienen derecho al amor verdadero. No es un derecho imperativo, pero según él, las mujeres guapas tienen que comprender que también los feos deben ser amados.

—¿Y las mujeres feas?

—Su perspectiva es un poco machista, pero no de mala fe. Una vez que paseaba alrededor de la casa, oí cómo le hablaba a un ángel, y asumí ese papel.

A Adrián no le gustaba aquella farsa, pero tampoco se sentía con ánimo para poner objeciones a la conducta de Rosa. Empezó a pensar que Rosa vivía su invisibilidad con la misma desesperación que él mismo, pero que en ella los efectos tenían una extraña proyección exterior, que llegaba al exhibicionismo.

—A lo largo de estos dos meses ha habido una polémica con esos ocupantes de la casa en ruinas. Hay quien dice que es un punto de tráfico de droga. Parece que ha prevalecido la teoría de que la construcción está en demasiado mal estado para ser habitada. El ayuntamiento la va a derribar de un momento a otro.

—Rosa —dijo Adrián—, tengo el coche aparcado ahí delante y en este lugar hace demasiado calor. ¿Por qué no nos vamos al mar?

—¿Tú sabes que, por no intentar vivir de sus manos, miran al mendigo con desprecio? Dejan que duerma dentro de la casa, pero apartado, no creas. Siempre habrá clases.

—Nos vamos unos días de vacaciones, y volvemos aquí cuando quieras. Esa gente no necesita chocolatinas, sino trabajo. Eso no vas a ser tú quien lo pueda resolver.

—Ya te dije que estoy aquí para reflexionar.

—Junto al mar reflexionarás mucho mejor.

—Déjame pensarlo.

Pero dos días después, Rosa contestó lo mismo, y Adrián pensó que la muchacha estaba ofuscada en un juego un poco pueril, del que no vislumbraba una salida.

En aquellas jornadas se supo que la casa iba a ser demolida pronto, pues al fin llegaron un par de grandes máquinas a través de los desmontes polvorientos, y durante un par de días fueron alisando el terreno entre la carretera y la casa, sin duda para facilitar la entrada de los camiones que debían llevarse los restos del derribo. La tarde del viernes, las máquinas estaban ya junto a la casa. Era el atardecer y los casuales inquilinos las miraban con resignada indiferencia.

Aquella misma tarde, Rosa tuvo la idea del aguinaldo.

—Nos iremos enseguida al mar —dijo—. Pero mañana seremos ángeles por última vez. Tenemos que lucirnos.

—Explícame eso.

Cuando Rosa se lo contó, Adrián tuvo la certeza de que la obsesión de la muchacha había entrado en un punto que podía ser peligroso.

Durante casi todos aquellos días, por la imaginación de Adrián había desfilado el tropel de los menesterosos de muchas etnias y naciones que Rosa evocaba. Niños perdidos que buscaban cobijo en las cuevas de unos montes, mientras a lo lejos resonaba el estruendo de la artillería. Viejas mendigas moribundas bajo las bóvedas de un metro suntuoso. Humildes borrachos bebiendo líquido limpiacristales a la orilla de un ancho río en que nadaban los cisnes solemnes. Muchachitas desharrapadas entre las ruinas de un antiguo imperio, que rodeaban a los turistas para robarles los paquetes de comida o lo que llevasen en los bolsillos.

En sus viajes como invisible, Rosa había recolectado un nutrido anecdotario del infortunio, pero Adrián pensaba que aquella mirada tan lúgubre no era sino un dato más de la hipocondría con que el estado de invisibilidad señalaba a quienes debían padecerlo. ¿No había descubierto él mismo en sus vagabundeos, como si su mirada se hubiese abierto a unos espacios que antes no advertía, ese mundo furtivo que pulula en los días y las noches de la ciudad? En la compasión de Rosa se reflejaba su pesadumbre, para verterse al fin en una disposición delirante a acometer acciones que afrentaban el sentido común y hasta la lógica formal.

Sin embargo, la postura de Rosa era tan firme que tuvo que avenirse a lo que proponía, aunque a cambio de una promesa de ella: una vez llevado a cabo su proyecto, abandonarían el centro comercial.

Rosa pretendía escamotear parte de la recaudación para entregársela a las gentes de la casa ruinosa. Decía haber estudiado todos los detalles del asunto, y estaba convencida de que, con la ayuda de Adrián, sería muy fácil llevar a cabo la sustracción.

A lo largo de cada jornada, un empleado iba recogiendo de las cajas de salida de los clientes, en la parte comercial, los sobres y saquetes en que las cajeras, tras alcanzar una cantidad prevista, guardaban los billetes y las monedas. El empleado los depositaba, a través de ciertas ranuras superiores, en unos grandes recipientes herméticos que ocupaban en la gerencia una estancia cerrada, *el cuarto de las huchas*. Dos veces al día, a primeras horas de la tarde y después del cierre, un furgón bancario se acercaba al hiper y los guardianes armados vigilaban la apertura de las cajas herméticas y la introducción de los sobres y saquetes en bolsas de lona, para cada una la misma cantidad de dinero. Amontonadas en carritos, las bolsas eran por fin acarreadas hasta el furgón por los propios guardianes.

Rosa tenía el propósito de sustraer un par de aquellas bolsas de lona, que a su juicio podían contener unos cinco millones.

—Es sólo una especie de compensación económica por el desahucio —decía Rosa—. El gerente de este negocio se

128

ha tomado muy a pecho el desalojo de esos desgraciados. Un aguinaldo de despedida, con cargo a estos malos vecinos.

La operación parecía sencilla, tal como Rosa la planeaba: Adrián y ella entrarían en el cuarto de las huchas al tiempo que los guardianes y esperarían un plazo, acaso a que la recaudación llegase a su mitad; entonces, y cuando el correspondiente carrito estuviese colmado de bolsas, ellos dos distraerían la atención de los guardianes, sustraerían una bolsa cada uno y se alejarían con rapidez, camuflando la posible visibilidad del bulto en la penumbra de la nave.

—Visto y no visto —decía Rosa—. En nuestro caso, será un juego de niños.

Adrián ponía objeciones, pero no por repugnancia a aprovecharse de su invisibilidad para infringir el orden natural de las cosas, lo que era un modo de aceptarla, sino por lo rocambolesco y arriesgado del acto en sí, tan imprevisible en su desarrollo y consecuencias.

—Se darán cuenta enseguida. En cuanto el carrito llegue al furgón.

Pero Rosa no valoraba aquellas consideraciones.

—Tal vez no, si para hacerlo no esperamos a que hayan vaciado todas las cajas. De todas maneras, cuando se den cuenta estaremos ya abajo, donde ellos ni siquiera pueden imaginar. Les diremos a nuestros favorecidos que se vayan a repartirlo a otro sitio. Y en cuanto se escondan en los desmontes, adiós buenas.

La aventura había exaltado la imaginación de Rosa.

—Si esto sale bien, puede ser una vía de actuación. Podemos repetirlo en otros grandes almacenes. Tampoco debe de ser difícil sacar dinero de los bancos, allí hay montones. Crearemos un fondo de ayuda para la gente necesitada. Una especie de ONG. Invisibles sin fronteras para un mejor reparto, o algo así.

—Habías prometido que, en cuanto hiciésemos esto, te vendrías conmigo a la costa. Era la condición para que yo te ayudase.

—Es una broma, hombre. Aunque volveré a pensar en ello cuando llegue el otoño. De todas formas, puedo hacerlo sola.

Decidieron que llevarían a cabo su escamoteo la noche de aquel mismo sábado, en que correspondía la visita del ángel. Además, al tratarse de un día en que aumentaba mucho la recaudación, los empleados y los guardianes se verían obligados a duplicar sus trabajos y sus idas y venidas, lo que tenía que hacer su atención más vulnerable. Para distraer a los guardias en el momento de la acción, eligieron objetos simples pero capaces de sobresaltarlos. Adrián lanzaría contra la pared del fondo unas cuantas bombillas, y Rosa unos puñados de legumbres secas. Los inesperados ruidos les harían volverse, y en ese momento los invisibles echarían mano a las bolsas.

No habían contado con que, aquel sábado, a la dotación habitual del vehículo blindado se había incorporado un guardián más, que permanecía en el exterior de la estancia con los brazos cruzados. La novedad les desconcertó, pues aquel vigilante no podía dejar de percibir la salida de las bolsas. Esperaron, cada vez más nerviosos, pero el guardián no se alejó hasta el penúltimo viaje del carrito, diciendo a sus compañeros que iba reforzar al vigilante que estaba en el exterior. Así pues, solamente quedaba por retirar la última carga. Los hombres estaban sudorosos, y en sus movimientos se podía apreciar la impaciencia por terminar de una vez la tarea.

El carrito estaba ya casi lleno de bolsas, y las bombillas de Adrián y los garbanzos de Rosa golpearon en la pared del fondo, ante el sobresalto de los hombres. Y mientras ellos miraban sorprendidos al lugar en que se habían producido aquellos estallidos y el menudo repicar, los invisibles, ejecutando lo que tenían previsto, retiraron las bolsas con rapidez y se alejaron por el pasillo para alcanzar enseguida el corredor de una sección, donde se detuvieron un momento. Del cuarto de las huchas no salía ningún rumor que debiese preocuparles. Cada uno con su bolsa al hombro, siguieron el camino de costumbre y abandonaron al fin el edificio. Alrededor del gran cuerpo cuadrangular del furgón tampoco se apreciaban movimientos de alarma, pero procuraron rodear el centro comercial por un lado más alejado, diferente del habitual, y cuando llegaron al ribazo todo parecía seguir tranquilo.

Iván percibió los bultos y saludó su llegada con alborozo.

—¡Los ángeles! ¡Ya están aquí los ángeles otra vez!

—¡Apagad las velas! —ordenó Rosa—. ¡Apagad las velas enseguida!

Iván y su compañero comprendieron lo que el ángel decía, y se pusieron a soplar torpemente sobre las llamas de las velas.

—¡Hoy os traemos dinero! ¡Mucho dinero! —decía Rosa—. ¡Pero tenéis que llevároslo lejos enseguida!

A partir de aquel momento, todo cambió. Un súbito resplandor blanco hizo destacar claramente la fachada de la casa y las líneas onduladas de los desmontes. Alrededor del edificio, en los muros, se habían encendido de repente multitud de focos, que creaban en los contornos un espacio de fuerte luminosidad. Por el borde de la gran explanada que servía para el estacionamiento de los coches, se pudieron ver las figuras de los guardianes, que se dispersaban corriendo.

Muy poco tiempo después se oyó una voz que, con la resonante ayuda de algún aparato de megafonía, llamaba la atención sobre un lugar.

—¡Allí! ¡Allí! ¡Allí!

Un haz de luz más amarillo y preciso recortó con claridad las figuras de Iván y de su compañero, que sostenían las bolsas de lona. Adrián descubrió que Iván tenía el rostro barbilampiño, regordete, con las mejillas enrojecidas y en la nariz un ramillete vigoroso de venillas oscuras. En sus ojos había confusión, y se llevó una mano a ellos para protegerse del deslumbramiento.

—¡Corred! —gritaba Rosa—. ¡Escapad!

—¡Alto! ¡Alto! —decía la voz megafónica—. ¡Deténganse!

El compañero de Iván dejó su bolsa y echó a correr ladera abajo, hasta desaparecer detrás de la casa, en la misma dirección que habían seguido los demás inquilinos, buscando despavoridos la oscura protección de los desmontes. Pero Iván permanecía de pie, con el aspecto indeciso de no entender lo que sucedía, una mano haciendo de visera para sus ojos y la otra sosteniendo las cintas de la bolsa.

—¡Alto! —volvió a decir la voz, ya más cercana.

Rosa se acercó a Iván, hizo que soltase la bolsa y le obligó a volverse mientras lo empujaba.

—¡Escapa, Iván! ¡Tienes que irte! ¡Márchate de una vez!

Iván comprendió entonces lo que Rosa le decía, pues inclinó las espaldas en el ademán que debía preceder al movimiento de piernas con que iniciaría su huida. Pero la voz estaba más cerca, y seguía exigiendo que se detuviese. El altavoz amplificaba también un fuerte jadeo.

—¡Alto! ¡Alto, le digo! ¡Alto, o disparo!

Adrián sintió el zumbido de las balas pasar muy cerca de su cuerpo, entre él y Rosa, y vio cómo el cuerpo de Iván se detenía, para caer luego entre los matojos secos. Rosa gritó y llegó corriendo hasta él para tomarle la cara entre las manos.

—¿Qué ha pasado, ángel? ¿Qué es lo que ha pasado? ¿Qué hago yo aquí?

El guardián que había disparado se acercó al cuerpo con el arma en la mano. La metió en su funda y se inclinó para mirar el rostro del caído. Otros guardianes bajaban detrás.

—¡Ciudadanos planetarios! —murmuraba Iván—. ¡El progreso ha sido al fin abolido! ¡La república mundial independiente y laica es ya una realidad! ¡Se acabaron las guerras y las hambres! ¡Todos los niños del mundo tendrán familia, comida y casa!

—Hay que llamar a una ambulancia —dijo uno de los guardianes recién llegados—. Aunque creo que está en las últimas.

—Yo sólo quería que se detuviese.

—Pues le metiste las tres balas casi en el mismo sitio.

—De verdad que no quería matarle.

—Son putadas del oficio, hombre.

—Parece un mendigo. ¿Cómo lo haría?

Unos guardianes recogieron las bolsas y regresaron a la explanada. El que había disparado quedó de pie a unos pasos, mirando el cuerpo, y al fin encendió un cigarrillo y lo fumó con lentitud. Rosa permanecía inclinada junto a Iván, con una de sus manos entre las suyas.

—Menos mal que ha refrescado, ángel, menos mal que ha refrescado. Tanto calor no se podía aguantar.

El herido volvió bruscamente la cabeza, y su cuerpo pareció desplomarse en una última distensión, ofreciendo una imagen inequívoca de muerte. Adrián no sabía qué hacer. Los focos que habían puesto tanta claridad en los contornos se apagaron, y el último residuo de luminosidad fue devorado por la súbita negrura.

La ambulancia llegó muy pronto, pero los enfermeros aseguraron que el herido había muerto ya. Casi al tiempo llegó la policía, y luego el juez, y pronto hubo alrededor del lugar un nutrido grupo de gente que repasaba los extraños pormenores del robo. Adrián consiguió que Rosa lo acompañase hasta la explanada.

—Yo no podía pensar que esto iba a terminar así.

—No te tortures, Rosa, hemos tenido mala suerte.

—Nada de mala suerte. Yo soy la responsable de todo. Yo he matado a ese pobre hombre.

No corría ni un soplo de brisa, y el calor denso hacía más agobiante la tristeza de Rosa. Adrián había rodeado con un brazo sus hombros y quería consolarla, pero no encontraba argumentos.

—Vámonos a dormir, anda. Mañana por la mañana, a primera hora, nos largamos de aquí.

Al amanecer, tras un sueño nervioso y discontinuo, Adrián descubrió que el cuerpo de Rosa no estaba en su colchón. La buscó, para encontrarla al pie de la explanada, contemplando el lugar de la muerte del pordiosero, que señalaban unas cintas de plástico con inscripciones oficiales. Más abajo, la fachada de la casa agarrotaba su mueca desolada.

A las ocho llegaron los operarios de las grandes máquinas, y apenas dos horas más tarde la casa era sólo un montón de cascotes de ladrillos y tejas que una gran pala iba vertiendo en las cajas de los camiones. Un penacho enorme de polvo marcaba el lugar del derribo. Adrián agarró con determinación una mano de Rosa.

—Vámonos de aquí, Rosa. Aquí ya no tenemos nada que hacer.

Y Rosa lo siguió sin hablar.

—¿Cómo vamos a viajar así? La gente va a escandalizarse cuando vea un coche vacío. No sé si podremos llegar muy lejos.

Adrián se echó a reír mientras recuperaba la familiaridad de sus movimientos ante el volante.

—Eso mismo pensaba Paquita, la secretaria de mi padre, la única persona conocida que no me trató como a un monstruo desde mi accidente. Pero yo llegué aquí sin que a nadie le pareciese tan raro como para detenerme. Sólo vi verdadera sorpresa, y hasta horror, en los ojos de esas gentes que ofrecen en los semáforos pañuelos de papel y periódicos marginales, o que te dan un escrito sobado en que bendicen a Nuestro Señor y te hablan de su desdicha para conmoverte, y que debes devolverles cuando recaudan su limosna. Sólo ésos han mirado con miedo el coche vacío, pero lo único que han hecho después es retirarse sin rechistar. No me ha dado tiempo ni a darles un susto.

El enredo de carreteras se fue aclarando y estuvieron pronto en la autopista.

—¿Sabes lo que le dije a Paquita? Que si veían un coche marchando vacío pensarían que era alguna inocentada de la televisión, alguna provocación para cazar incautos. Los únicos gestos de extrañeza entre los pasajeros o conductores que pude apreciar el otro día no manifestaban estupor, sino una especie de bobaliconería sonriente.

—Yo hace ya tres años que no veo la televisión.

—Pues yo, con los días que llevo sin verla y sin leer la prensa, siento que el mundo no se ha hecho más opaco para mí, no ha perdido nitidez. Los antiguos, que tenían tan poca información sobre las cosas, llegaron a imaginar que, en los lugares que no conocían, existían bestias fantásticas y seres humanos fabulosos. Lo que no conocían, lo invisible, estaba lleno de sugerencias.

—Ya no hay misterios —dijo Rosa.

—Parece que en los tiempos que vivimos la televisión y los medios de comunicación, tan ágiles y despiertos, nos lo desvelan todo, y lo que de verdad hacen es hinchar unas cuantas imágenes, la de la desventurada princesa, la del presidente rijoso, la de los hijísimos de los famosos, la del castizo escritor. Eso es lo que más vemos, con los latiguillos del cómico grotesco y el desparpajo cínico de tres o cuatro políticos, casi siempre los mismos.

Rosa miró a Adrián con aire de sorpresa.

—Creí que no tenías opinión sobre esas cosas.

—Me has dicho que estos días estás reflexionando. Yo también. Ese mundo de mercancías menudas me ha ayudado mucho, como un mandala. Creo que nunca hemos podido ver tantas cosas y, comparativamente, nunca hemos visto menos. Porque, además, ahora lo que no vemos ya no nos sugiere nada, ni bestias estrafalarias ni hombres con el rostro en el pecho. No podemos siquiera pensar que pueda existir algo que no haya llegado a ser mostrado por la tele o por las gacetillas de los grandes periódicos. Si no está ahí, es que no existe.

El escepticismo de Adrián sobre el escándalo que su automóvil pudiera despertar resultó justificado. Si alguien en la carretera se sorprendió de ver un coche sin conductor ni pasajeros, aquella extrañeza no les causó ningún contratiempo. Incluso pasaron un par de veces ante patrullas de guardias de tráfico que, si se fijaron en aquel automóvil totalmente vacío, no mostraron inquietud. Lo único que les planteó alguna incomodidad fue repostar en las gasolineras, aunque a partir de la segunda vez urdieron un juego de voces entre ambos que les permitió engañar con facilidad a los cajeros.

Como los días eran muy largos, llegaron a la costa cuando todavía había buena luz, y buscaron un lugar solitario. Después de algunas idas y venidas, encontraron una pequeña cala, al otro lado de las estribaciones rocosas de una playa. Empezaba la noche, pero el tiempo seguía muy cálido y el mar golpeaba suavemente la orilla. Se metieron enseguida en el agua, que también estaba tibia, y permanecieron mucho rato descansando entre el suave vaivén.

Por primera vez desde los abrazos apasionados de Paquita, Adrián recuperó la certeza de su cuerpo y se dejó llevar entre el agua oscura. La noche era muy estrellada y a Adrián le pareció recuperar algo de aquel embeleso tan denso de la infancia, en que el mundo exterior y la propia conciencia apenas se diferenciaban. Y Adrián, que había sentido separarse de él el mundo una noche de la adolescencia, y que desde entonces estaba claramente aislado entre las cosas, volvió a percibir una posibilidad de ligazón, llegó a intuir que a través de su cuerpo, sumergido en el agua tibia, el mar que lo rodeaba podía relacionarse con el lejano espacio estrellado que su mirada alcanzaba. Estuvo tanto tiempo sumido en aquella intuición, que tardó en descifrar la voz de Rosa entre el rumor del mar.

—¡Adrián! ¡Adrián!

Adrián cambió la posición del cuerpo y echó a nadar hasta la orilla, donde apenas se podía adivinar el pequeño refugio rocoso en que se habían instalado.

—Desde la orilla era imposible verte —dijo Rosa—. Pensé que te había pasado algo.

—¿Sentirías quedarte sola?

Rosa no contestaba. Después de secarse, se habían tumbado sobre la arena, y contemplaban aquel firmamento tan abigarrado de brillos. La conciencia de Adrián se iba hundiendo en el espesor de una blandura densa y pegajosa, y cuando Rosa habló no entendió muy bien el sentido de sus palabras, porque ya había olvidado la pregunta que las suscitaba.

—Creo que sí, creo que lo sentiría. Mentiría si dijese otra cosa. Con los pocos días que hace que estamos juntos, ya me he acostumbrado a ti. Creo que no me gustaría quedarme sola otra vez.

El sentido de las palabras de Rosa, resonando lejanamente en su cabeza, hizo que Adrián no se durmiese, pero su abandono quedó sustituido por una ilusión de ingravidez. No se hundía en un aturdimiento inconsistente, sino que flotaba en él, ascendía hacia otros espacios en que su mente y su cuerpo encontraban cada uno un acomodo distinto. Su cuerpo empezaba a dormirse, pero su mente estaba llena de estímulos. Y del mismo modo que en el agua había percibido que aquel cuerpo suyo no era tan ajeno a los demás elementos del universo como hasta entonces había creído, sentía de repente que su cuerpo era, precisamente, un punto de confluencia entre aquel cielo y aquel suelo hechos ambos de millones de partículas, y que la única distancia entre todo la establecía su propia lucidez para distinguir las partículas del cielo y las del suelo, y poder identificarlas, y para poder percibir al mismo tiempo la presencia de Rosa y comprender la distancia que lo separaba de ella y el significado de sus palabras.

Permaneció mucho rato así, al borde de la vigilia, a punto de ser alcanzado por la sombra del sueño, hasta que una repentina claridad le hizo abrir los ojos. La luna había aparecido y la negrura era un poco más difusa. Era una luna incompleta, sin toda su forma ni todo su resplandor, pero le hizo evocar aquella noche en la casa del abuelo, y en ese repaso instantáneo de las peripecias y de los incidentes que la memoria es capaz de articular le pareció mucho más confuso e impreciso aquel Adrián visible que era entonces, que este otro invisible que era ahora, porque aquel Adrián, completo en toda su identidad de ser vivo, estaba enganchado en la mezquina red de débitos, gratificaciones y desengaños banales que había llegado a aceptar como el verdadero sentido de la existencia.

Se levantó y se acercó a la orilla para zambullirse otra vez en la negrura en que cielo y tierra parecían confluir y remansarse, aceptando que él también estaba hecho de aquella asombrosa sustancia a la vez inestable y firme, escurridiza y concreta, que los relojes y los calendarios se empeñaban en limitar y empequeñecer.

Durante varias jornadas recorrieron aquellos lugares, perdiéndose sin rumbo entre las montañas cercanas, en los huertos frutales que extendían valle abajo su brillante verdor y en las orillas del mar manso y tibio.

Sus refugios nocturnos vinieron a ser, sobre todo, los espacios costeros en que el roquedal recoge un breve espacio arenoso, y los baños de la noche eran el rito diario en que sus cuerpos reencontraban en el mar el tacto de una caricia originaria.

En las primeras horas del día, o al atardecer, solían caminar. Apenas hablaban. Reposaban en las horas de mayor sol a la sombra de los naranjos, buscando la cercanía de las acequias, y Rosa escribía en su cuaderno.

Adrián no hacía otra cosa que admirarse de las percepciones nuevas que aquel cuerpo borroso era capaz de darle cada día, como si se hubieran puesto a funcionar dentro de él inesperados resortes de su sensibilidad. Se lo decía a Rosa.

—Ahora que soy borroso para mí mismo e invisible para la gente normal, percibo las sensaciones de mi cuerpo como nunca antes lo había hecho. Y hasta la densidad y la temperatura de la mínima cosa.

—A mí me pasó lo mismo. Percibes mejor tu cuerpo porque intentas percibir mejor lo que te rodea. Antes había muchas cosas en las que apenas te fijabas. Ahora intentas relacionarte intensamente con todo, para sentirte tú con más claridad.

Adrián proclamaba a menudo sus pequeños descubrimientos, y encontraba en los ojos de Rosa, cuya inconcreción no había apagado todo su brillo, las señales de la aceptación y de la simpatía.

Una tarde, en una barranca que separaba el monte de la carretera, descubrieron una enorme higuera cargada de fruto. Eran higos de gran tamaño, y su gusto podría representar las dulzuras cantadas de antiguo para glorificar ese fruto capaz de darse en los sequedales y en las tierras áridas. Mientras los comía, Adrián volvía a pensar que nunca antes del accidente había valorado los sabores como lo estaba haciendo entonces, de la misma manera que nunca había apreciado del modo como lo hacía la forma y el color de las plantas y los guijarros.

Los higos eran tan sabrosos que comieron muchos, y luego quedaron inmóviles, espalda contra espalda, sentados a la sombra del gran árbol. Muchas veces se quedaban así, formando cada cuerpo un respaldo para el otro, y Adrián encontraba en aquel contacto la misma certidumbre de estar vivo que había sentido al apretarse contra María Elena, aquella madrugada que había regresado a su casa.

Hacía mucho calor y las chicharras hacían resonar en el monte su estridencia incansable.

—Pienso que este olor de la higuera, como el sabor de los higos, aunque esté aquí, llega de muy lejos —dijo

142

Love

Adrián—. Mientras comía los higos he recordado las leyendas bíblicas, y he comprendido que este olor, el sabor, nos hacen vivir el mismo tiempo que otros han vivido y que otros vivirán también.

En aquel momento, Rosa se volvió y rodeó su torso con un brazo.

—La otra noche me preguntaste si sentiría quedarme sola y te dije que sí. No era por quedar bien. Estoy a gusto contigo. Me cuentas las cosas que te pasan, lo que sientes, y me ayudas a sentirme viva yo también.

—Estoy descubriendo que, aunque parezca una obviedad, sentirse vivo es oler las cosas, y pasar las manos por su superficie, sentir su calor o su frío, imaginar cómo llegaron a estar ahí, recordar cómo hemos llegado nosotros a estar junto a ellas.

Un nuevo silencio los unió hasta la noche, pero después de su baño, con el firmamento chisporroteando otra vez dentro de su cuerpo de arena, Adrián se acercó más a Rosa y la besó, y Rosa le devolvió el beso, y Adrián acarició a Rosa, y ella correspondió con caricias a las suyas, y al cabo los dos cuerpos desnudos, absortos el uno y el otro en el gusto de su mutua entrega, eran un fulgor azulado que crepitaba sobre la arena, como la fosforescencia del placton en el agua cercana.

En casi todos aquellos lugares había tanta gente, que la pereza de sus movimientos no compensaba lo crecido de su número, y la multitud siempre parecía excesiva y agobiante. Las faldas de las montañas, como las orillas del mar, estaban cubiertas de construcciones que se repartían azarosamente o se alineaban con la única gracia que pudiera darles la forma de la costa. Pero a lo lejos se recortaba la masa de un conjunto urbano que superaba a todos en dimensiones, en un escalonamiento heterogéneo de edificios que remataban varios rascacielos, como una pequeña serranía artificial y geométrica, paralela a la que cerraba los valles al norte y al oeste.

Adrián y Rosa, que muchas veces contemplaban aquellas cumbres urbanas en las últimas luces del crepúsculo, se acercaron un día hasta allí, y encontraron un bullicio que los aturdió tras tantas jornadas de voluntaria soledad. En el atardecer, las avenidas que se apretaban entre las altas construcciones estaban colmadas de vehículos y un gentío incesante ocupaba las aceras. En algunas plazas, voluminosas esculturas de alegorías pretenciosas representaban también, sin habérselo propuesto, la desproporción y el mal gusto de todo lo demás. El calor de la jornada se hacía aún más denso entre las masas sólidas de las grandes construcciones, por el aire que exhalaban los acondicionadores y los tubos de ventilación de tantos bares y lugares de concurrencia pública.

No había sitio para dejar el coche, y por primera vez su insólita imagen exenta de pasajeros suscitó reacciones entre la gente, y unos jóvenes golpearon el parabrisas con sus latas de bebida.

Estaban a punto de abandonar su intento de visitar la ciudad cuando en una calle lateral, separada de la algarabía de las avenidas por un espacio en calma que parecía diferente de la pura distancia física, sintieron de nuevo golpes en el parabrisas y en la carrocería. Adrián detuvo por fin el coche, al ver claramente que aquellas formas borrosas y azuladas que lo rodeaban no tenían actitud agresiva, y solamente intentaban llamar su atención.

Así fue el contacto de Adrián y Rosa con la comunidad de invisibles. Aquel encuentro fue la primera sorpresa de una tarde llena de ellas. Habían dejado el coche en el extremo de una cuesta, detrás de los últimos edificios. Los invisibles eran tres, y no se entretuvieron demasiado en su saludo, porque tenían mucha prisa en llevarlos a un lugar que estaba al otro lado de la ciudad. A pie y deprisa cruzaron la periferia, junto a carreteras abundantes en vehículos, cada vez más alejados de las enormes construcciones entre las que resonaba el eco del griterío y de la música, y el humo se expandía resplandeciente sobre el brillo de los anuncios.

Los invisibles condujeron a Adrián y a Rosa a una finca rodeada de altos muros, con una cancela de hierro también muy alta. Antes de que la puerta les franquease el paso, se encendió una fuerte luz y un registro óptico husmeó con su largo hocico cilíndrico el espacio que ocupaban. Al fondo del jardín había un chalet lujoso, y la entrada estuvo sometida a la misma inquisición, pero al fin se encontraron en una sala con pocos muebles, desguarnecida de cuadros y objetos. Sólo un teléfono y una estantería cargada de libros daban señales de que el edificio estuviese habitado.

Aquella noche, Adrián y Rosa constataron que ellos no eran los únicos invisibles del mundo, y que en aquella ciudad se concentraba una comunidad de semejantes. No era grande, pues como conocieron luego, el hallazgo de la misteriosa flor era excepcional, casi imposible, pero allí habían ido a reunirse, al parecer, miembros de sucesivas generaciones de invisibles.

Les iba a hablar una anciana, sentada en una silla de ruedas, que había salido de las puertas de lo que debía de ser un pequeño ascensor, conducida por otro invisible también mayor, aunque de andares ágiles. A ambos los acompañaba, con aire de edecán, otro hombre de menos edad, muy alto y flaco, que fue quien habló primero, dirigiéndose a Adrián y a Rosa.

—Esta señora es Eloína, nuestra hermana mayor, nuestra decana.

La anciana pidió a Adrián y a Rosa que le dijesen cuál era su procedencia, dónde y cómo se había producido su transformación y cuánto tiempo llevaban así.

Los escuchaba con la inmovilidad de la expectación, y mostró el mucho interés que sentía en las preguntas con que, a menudo, interrumpía el relato. Su interrogatorio buscaba conocer, más que los sucesos externos de la lamentable aventura, sus efectos internos, los sentimientos que había suscitado en ellos su nueva condición, el talante con que habían ido asumiendo aquel esfumarse de la realidad de los demás.

—Tengo mucha pena por vosotros, chicos —dijo luego la anciana—. Yo era también muy joven cuando me hice invisible, casi una niña.

Se quedó en silencio un rato, como si recordase el tiempo que acababa de evocar.

—También fue durante una noche hermosa de verano, y yo empezaba a vivir una aventura de amor, tenía una cita secreta con un muchacho. No volví a hablar con él, y con los años supe que murió en la guerra de Marruecos. El tiempo hasta ahora ha sido largo y cansado. No es fácil ser invisible.

—Acaso ellos encuentren el talismán —dijo el invisible alto y flaco que había hablado para presentarles a la anciana.

La anciana guardó silencio otra vez, y pareció mirar con mucha desgana al que había hablado.

—No digas tonterías, Poldo. Ellos tienen al menos la suerte de haberse encontrado. Eso sí que es un talismán. Yo estuve sola mucho tiempo, demasiado tiempo. Ahora no puedo pensar en todo esto sino como en un gran delirio del que no podré salir jamás, hasta que muera.

En la sala había muy poca luz y las palabras de la anciana sonaban con toda la tristeza de un corazón abatido y de una voz gangosa. Aquel conjunto de figuras evanescentes multiplicaba la presencia espectral a la que Adrián pertenecía, y comprendió que, en el mejor de los casos, su destino sería llegar hasta ese envejecimiento alucinado y borroso, al margen de las cosas consistentes del mundo.

—¿Qué talismán es ése? —preguntó Rosa.

—El infortunio ha buscado siempre espejismos de salvación que le sirvan de consuelo —repuso la anciana—. Otros invisibles que ya han desaparecido hablaban de un talismán, de talismanes, un objeto, acaso un lugar, lugares, con la virtud milagrosa de devolvernos a la realidad de las cosas visibles. Pero si alguien lo ha encontrado alguna vez, ninguno de nosotros ha sabido nada de él.

Cuando terminó aquella reunión, Poldo y los invisibles que habían llevado hasta allí a Adrián y a Rosa montaron una mesa de comedor en un lado de la gran sala, y luego la vistieron con un hermoso mantel y buenas piezas de vajilla, y al fin hicieron entrar en la sala unos carros en que venía servida una cena de platos muy sabrosos y variados.

Adrián y Rosa hicieron los honores a la cena como si fuese la primera vez en su vida que disfrutaban de unos alimentos debidamente cocinados, y los demás invisibles les miraban comer en silencio, acaso con una sonrisa en la azulada turbiedad de sus rostros.

Adrián y Rosa se quedaron a vivir en el chalet, porque Eloína quería que permaneciesen allí hasta que tuviese lugar la gran reunión de la comunidad de invisibles en que ella y su primer ayudante, Alfonso, iban a informar a los demás compañeros de unos asuntos muy importantes para todos.

Adrián y Rosa ocupaban una pequeña habitación en los altos del edificio, y supieron que había alguien enfermo, o convaleciente, en la habitación contigua, alguien que no se quejaba pero cuyo aliento dejaba traslucir, si no el sufrimiento, al menos la incomodidad de quienes están obligados a guardar cama. Además, el pasillo estaba en aquella parte impregnado de un fuerte olor a medicinas. Pero Alfonso y Poldo, que eran quienes al parecer se ocupaban de la persona recluida, no fueron nada locuaces al responder a sus preguntas.

En cambio, Alfonso y Poldo fueron buenos informantes en otros asuntos. Así, a la sombra del gran jardín en

que se repartían desordenadamente los naranjos, los euca
liptos y las enormes adelfas, cerca de un estanque con ne-
núfares y carpines, Alfonso les contó que aquella casa era
una de las muchas que poseía la comunidad.

—Lo menos que podemos hacer es ser ricos, como
comprenderéis. Tenemos todo el dinero que se nos antoja,
y ni nos movemos para buscar lo que necesitamos, aunque el colmo de nuestros placeres sea comer y beber bien,
leer libros, muchas novelas, oír música. Basta un telefo-
nazo y se nos sirve lo que queramos, sin rechistar ni preguntar. Con un teléfono y dinero en abundancia todo se
resuelve.

—¿Qué pensáis del resto del mundo, de la realidad visible? —preguntó Rosa.

—Aborrecemos las noticias, de modo que apenas lee-
mos los periódicos, y nunca vemos la televisión.

—¿Y a nadie le preocupan estas casas vuestras, que
pueden parecer vacías?

—Tenemos la ventaja de que en este sitio abunda la gente
excéntrica, gente que se ha retirado o que no quiere ser vista
por alguna razón. Nuestras casas están bien aisladas, y nadie
se ha metido nunca en nuestra vida. En lo externo, procura-
mos que todos nuestros asuntos estén en orden.

—¿Y las enfermedades? —preguntó Adrián.

—Hasta ahora, para las cosas de poca monta hemos tenido la suerte de que haya un médico entre nosotros.
Cuando las cosas han sido graves, al que le ha tocado se
ha muerto, aunque nuestro médico ha procurado que no
sufriese.

La comunidad se había ido formando con el paso del
tiempo, por sucesivas coincidencias casuales. Al hacerse
mayores, los invisibles, como los visibles de edad, acabaron buscando el retiro en aquel lugar de clima benigno
y con tanta facilidad para la adquisición de todo lo necesario.

—Hemos ido llegando aquí por viejos, no por invisibles. Como los invisibles púnicos, si los hubo, irían a morir a Ibiza.

—¿Cuántos sois?

—Somos un puñado de gente, nada más. En total, apenas sobrepasamos las dos docenas.

En la vida visible, como él decía, Alfonso había sido profesor de latín y botánico aficionado. Esa afición, en la búsqueda de un posible sentido especial de las plantas míticas del solsticio de verano, le había deparado su invisibilidad. Decía que los invisibles, en su mayoría, estaban caracterizados por cierta afición a la naturaleza y a la noche, lo que él llamaba una propensión lunar.

—Gente más bien soñadora, que acaso siendo invisible haya encontrado un destino lógico, aun a su pesar.

En la vida invisible, Alfonso había levantado un minucioso mapa de los lugares en que cada uno de sus compañeros invisibles había encontrado la flor, al que estaba añadiendo los puntos que les afectaban a Adrián y a Rosa, intentando conocer si aquella dispersión geográfica y su secuencia temporal podían tener algún significado desde una mirada científica, aunque era bastante escéptico.

—La ciencia, que terminó con los misterios no racionales, fue excesivamente cómoda para los humanos, nos hizo demasiado positivistas. Es muy cómodo explicarlo todo por cierta forma de ciencia, como antes lo hacíamos por la magia, o por las intervenciones providenciales. Pero los científicos siguen intentando leer signos, igual que lo hacían los magos antiguos. Y muchos signos son aún tan inescrutables para la ciencia como lo fueron para la magia. Ahora resulta que aquel hombre de Neandertal que habíamos considerado nuestro abuelo ya no tiene nada que ver con nosotros. Cada día está más claro que las doctrinas de la ciencia se parecen a los antiguos augurios, que los nuevos descubrimientos pueden volver risibles.

Alfonso se mostraba como un hombre afable, pero sin esperanza. También les dijo que en los lejanos tiempos en que se había hecho invisible había viajado mucho, y que había estado a punto de encontrar la Ciudad Invisible, el lugar del mundo en que aquella terrible carencia que la flor misteriosa les había otorgado daba todo su sentido al misterioso fenómeno.

—Ahora que sois jóvenes, debéis intentar encontrarla. Yo os orientaré. Allí puede estar la solución de nuestro problema. Yo la vi a lo lejos, una vez, pero no pude llegar. Y casi muero en el intento.

Por su parte, Poldo era un invisible menos antiguo que se había ganado la confianza de Eloína y Alfonso por su desenvoltura y buena disposición. Confesaba entre risas que él no tenía nada de soñador, y que había conseguido su invisibilidad al participar en una cacería furtiva de jabalíes.

—Coger la flor no tuvo para mí nada de lírico. Pensé que era un tesoro extraviado. Lo mío fue pura avaricia.

Poldo era muy reservado en lo que afectaba a su vida anterior, y contestaba a sus preguntas con vagas alusiones. De aquella época conservaba una gran furgoneta de color blanco, con la parte trasera muy bien preparada para convertirse en habitación. En la furgoneta de Poldo, el asiento inmediato al del conductor estaba ocupado por el maniquí de un hombre con bigote y una amplia boina, muy bien pintado y vestido, que llevaba entre las manos un volante, réplica del verdadero. Poldo decía que aquel muñeco provenía de ciertas campañas electorales, y que había sido un regalo de viejos amigos.

—Como si hubiesen previsto que un día iba a ser él, para la gente, el único conductor.

La esperada reunión se celebró por fin cuatro días después de que Adrián y Rosa hubiesen llegado a aquella

154

casa. Entonces descubrieron que en el sótano había una sala amplia, llena de asientos que se enfrentaban a una tarima con una mesa presidencial.

Se concentraban allí tantos invisibles varones como hembras, aunque los varones parecían de más edad. Algunos invisibles tenían acento nórdico, y uno hablaba medio portugués. El pequeño ascensor condujo primero la silla de ruedas de Eloína, y luego otra silla de ruedas en que permanecía un hombre acaso cuarentón, cuya borrosa apariencia no ocultaba lo corpulento.

—Aquí tenéis al hermano Raimundo —dijo la decana, ante la curiosidad general, que se expresó en forma de murmullos—. Llegó a mi casa hace unos días. Llegó vivo, gracias a su coraje y a su extraordinaria naturaleza. Le habían clavado esto en la espalda.

La hermana Eloína mostró en lo alto un pequeño objeto triangular. Lo dejó luego sobre la mesa, y el objeto, al adquirir su verdadera apariencia, resultó una larga y fina punta de flecha.

—¡Existe el Cazador! —exclamó luego la anciana, con evidente desaliento.

—Existe el Cazador, porque el hermano Raimundo ha sido capturado por sus hombres, y perseguido, y casi cobrado como una alimaña.

Entonces, el invisible a quien llamaban hermano Raimundo, con la voz un poco débil, narró su aventura.

Durante aquellos días, Adrián y Rosa habían sabido que los miembros de la comunidad de invisibles vivían dispersos en distintos lugares de la zona, solos o en pequeños grupos, comunicados entre sí por el teléfono y ciertas reuniones periódicas que celebraban en casa de la decana para saber los unos de los otros y afrontar los problemas que pudieran ser graves para algunos o afectasen a todos. Raimundo residía en una casa en la falda de la sierra, donde se repartían las últimas viviendas, antes de que el espesor de los pinares sustituyese definitivamente las construcciones humanas.

Como un hábito que Adrián y Rosa comprendieron bien, Raimundo solía salir de su casa muy temprano, para

Raimundo tells his story of being caught by the "cazador"

Adrián doesn't believe it quite.

[Raimundo's fiction is not believed by Adrián]

sentir a solas el frescor del amanecer por las sendas de la montaña.

Raimundo contó su salida de la última de aquellas mañanas, su sorpresa al ser atrapado en una red que cayó súbitamente sobre él, y luego cegado por algún vendaje. Dos hombres jadeantes, que olían mucho a sudor, buscaban sus miembros con nerviosa decisión, para inmovilizar por fin sus brazos y sus piernas.

Contó su largo viaje en un vehículo traqueteante, que sin duda recorría caminos montaraces, la llegada por fin a un espacio silencioso que olía a monte reseco.

Contó cómo fue encerrado en un lugar mohoso, y cómo al fin unas manos tanteantes lo liberaron del vendaje que tapaba sus ojos, y pudo ver ante sí a un personaje que parecía disfrazado con algún ropaje de cuero propio de tiempos medievales, el rostro oculto por un antifaz.

—Me dijo que era el Cazador, y que tenía derecho a cazarme en virtud de la bula de un antiguo papa.

Adrián thinks it's unreal.

En Adrián iba creciendo un fuerte sentimiento de irrealidad, y recordó aquella primera noche de su transformación, cuando había pensado que no sufría otra cosa que la pura sugestión de un sueño. Tras la mesa, Eloína, sus ayudantes y el narrador, formaban apenas cuatro efluvios fantasmales, casi disueltos en una media luz que aumentaba la rotundidad de la superficie y las aristas de la mesa, y los respaldos y posamanos de las sillas de ruedas. Miró a su alrededor para atisbar las borrosas masas de los demás asistentes, como nubes azuladas ceñidas a la estructura concreta de las sillas de madera.

Raimundo seguía hablando, relataba una breve historia sobre los antecedentes del Cazador, un asunto de tiempos remotos, y la extrañeza de Adrián rozaba la incredulidad. Esto no es posible, pensó, voy a despertar, este sueño no puede complicarse más.

Adrián questions the "reality".

—El Cazador añadió que iban a darme de comer y de beber y que podría reposar hasta el alba, pero que entonces se me soltaría, y tendría dos horas para alejarme en la dirección que quisiese. Que luego él iría a darme caza con su ballesta. Dijo también que disponía de dos días con sus dos noches para cazarme, pero que si no lo conseguía en ese tiempo, yo quedaría libre. Me trataba de usted, con mucha afectación. «Nadie lo ha conseguido», añadió, «pero yo no me ayudo de perros ni de otros medios para mi empresa, de manera que puede usted lograr ocultarse de mí e impedir que lo mate. Todo depende de que su habilidad sea mayor que la mía».

Adrián miró a Rosa, buscando una complicidad que lo tranquilizase, pero ella parecía estar pendiente de las palabras del narrador.

Raimundo contó que sólo pudo beber, que no durmió, que al amanecer los mismos tipos sudorosos que lo habían secuestrado tantearon la celda para encontrar su cuerpo y le quitaron las últimas ligaduras, y que entonces sonó cerca el clarín que era la señal de que debía alejarse.

Contó cómo salió de su celda para recorrer las estancias de un enorme edificio vacío, cuyas puertas exteriores daban a un gran encinar, y cómo echó a andar desorientado hacia los árboles cuando el sol empezaba a asomar en las ondulaciones del horizonte.

Contó cómo llegó andando hasta el enorme muro de piedra de musgo que rodeaba la finca, tan alto que no se podía pensar en escalarlo sin otros medios que las propias manos. Y cómo oyó de pronto otra vez el sonido del clarín, que anunciaba el inicio de la cacería, asombrado del poco trecho que había recorrido en aquellas dos horas, y cómo echó a correr entre las jaras mientras el sol iba afirmando en el cielo su claridad y su calor.

A media mañana, Raimundo vio al Cazador. Contó que iba vestido con sus ropas de cuero y tocado con un sombrero que adornaba una larga pluma, y en la extrañeza de Adrián refulgieron imágenes de la infancia, fotogramas de hombres vestidos de verde y cabalgadas entre la floresta.

—El Cazador iba observando el suelo con cuidado, y seguía mis huellas lentamente, sin equivocarse. Por la tarde, el Cazador se encontraba todavía muy lejos, pero yo estaba ya bastante nervioso y atravesé unos matorrales deprisa, para apartarme más de mi perseguidor. El zumbido de una saeta muy cercana me indicó que el Cazador vigilaba los movimientos de las ramas con la misma atención con que estudiaba los pequeños desplazamientos de piedras y ramitas secas que podían denunciar mis pisadas.

Llegó la tarde, y el Cazador seguía sus huellas, con unos ademanes reposados que indicaban su segura tenacidad. Se extinguió al fin la luz del largo atardecer y Raimundo buscó un lugar para descansar, una pequeña hondonada en una de las vaguadas que descendían hacia el río, pero no pudo dormir, y sentía los ruidos de la oscuridad como si cada uno de ellos denunciase la aproximación implacable de su perseguidor.

Antes del amanecer bajó hasta el río. En el límite de la finca la corriente seguía su curso, que cortaba el lienzo de la tapia, sustituido allí por una gigantesca reja. En el borde superior de la reja se alargaba una gruesa espiral de alambre de espino. Raimundo entró en el río, que allí tenía un cauce estrecho y profundo, para comprobar que, herrumbrosa, la reja mantenía sin embargo toda su solidez.

—Pero descubrí que en el borde mismo de la ribera la erosión había empezado a socavar un hueco. Pensé que, si pudiese ayudarme de algún utensilio más fuerte y resistente que mis manos, aquella hendidura podría convertirse acaso en una salida. La esperanza me ayudó a tranquilizarme, y los nervios me mantenían tan tenso que no sentía fatiga alguna. Tenía aún un día y una noche por delante, y decidí regresar a la casa para buscar allí cualquier cosa que me pudiese resultar útil.

Raimundo contó que había seguido corriente arriba el curso del río en su camino de regreso a la casa, antes todavía de que el sol hubiese aparecido, pero que pronto encontró un pequeño edificio.

—Enseguida vi que era un molino, y mi confianza en encontrar allí dentro algún objeto que me ayudase a excavar fue tan fuerte que me aproximé a la puerta sin cuidado y empujé la hoja. En aquel momento salía el sol, y vi vibrar en la sombra interior ese torbellino de partículas que se muestran a los rayos de la luz. Entonces sentí el puntazo debajo de mi hombro. He pensado que el Cazador tiene muy buena puntería, porque si en lugar de venir de lado, de la parte del río, hubiera venido de frente, por el camino, el ligero desplazamiento de mi cuerpo hubiera bastado para que la flecha me acertase en mitad del corazón. De reojo pude ver que la flecha tenía unas plumas rojas en el extremo. El dolor era intensísimo, pero comprendí que tenía que salir de allí como fuese, y enseguida. Me aparté de un salto de la puerta, buscando el resguardo de la esquina, mientras otra flecha silbaba a mi lado y se clavaba en la madera. Cogí el asta. El dolor era grande, pero no más insoportable que el de un cólico nefrítico. La saeta salió con punta y todo, porque no se había clavado bien. La rompí y me guardé la punta, como si fuese yo el cazador de aquel trofeo, y también para que el verdadero Cazador pensase que iba peor herido de lo que en realidad estaba. Seguí arrimado a la pared, moviéndome muy despacio hacia el río y pisando de manera que no dejase huellas. En el borde había una lata de conserva oxidada, y la recogí antes de entrar en el agua y zambullirme del todo, mientras buscaba el muro trasero del molino, hacia el lugar del sumidero. Allí, aunque la corriente no era mucha, el agua formaba contra la piedra un pequeño remolino y pensé que podría confundirse dentro de él la oquedad que mi cuello debía de formar en el agua. Quedé allí sentado, intentando acostumbrarme al dolor, entre una náusea creciente, y pude ver al Cazador muy cerca, a unos pasos, que miraba el agua muy despacio y comenzaba a remontar la corriente sin apartar los ojos de ella, buscando cualquier alteración que le diese testimonio de mi presencia. Al fin se sentó un poco lejos, contemplando el agua, en disposición de esperar. Yo perdí sin duda el conocimiento unos instantes, porque me sacó de la inconsciencia una bocanada de agua. Disimulé como pude mis ahogos y me dejé llevar por el sumidero al canal que pasaba bajo el molino.

El molino llevaba muchos años en desuso, y Raimundo pudo recorrer sin obstáculos el canal y salió otra vez al río. Logró llegar a la reja y, con la lata, poco a poco, fue agrandando el espacio que había abierto la erosión, lo suficiente como para lograr que su cuerpo, tras muchos esfuerzos, pudiese por fin pasar por la abertura. Debían de ser las primeras horas de la tarde. Siguió río abajo todo lo deprisa que pudo. El dolor de su espalda se había convertido en una molestia aguda, pero pudo soportarla. El río le llevó a un puente, y el puente a una carretera, y la carretera a un cruce en que unas cuantas mujeres, con cestas vacías, esperaban el autobús.

Con la misma voz débil, que sin embargo dejaba traslucir la firmeza de su dueño, Raimundo resumió en pocas palabras la limpieza y primera cura que él mismo se había hecho en un hotel, y los sucesivos transportes que al fin le habían llevado hasta la casa de Eloína.

—Existe el Cazador —repitió Eloína—. Ahora podemos imaginar la causa de la desaparición de tantos hermanos en los últimos tiempos. Tenemos que prepararnos para cambiar de vivienda, y vivir alerta. Esta casa se mantendrá como centro de reuniones hasta que todos os mudéis, pero no debéis venir aquí sin avisar.

En la estancia había un silencio lleno de estupefacción.

—No haréis nada que pueda delatar vuestra presencia. Estos chicos han llegado aquí en un automóvil. Un coche vacío que anda circulando por ahí es una señal clara para el Cazador. No podéis descuidaros creyendo que los visibles van a ignorar las pequeñas rarezas que suele provocar nuestra presencia, el ruido de pisadas o un estornudo, y hasta un crujir de articulaciones que no son capaces de identificar. Existe el Cazador.

Antes de que la reunión se diese por terminada, habló Poldo.

—Hay algo que a Eloína le repugna deciros, pero es necesario que lo sepáis. El hecho de que, en poco tiempo, en apenas cinco años, hayan desaparecido sin aviso ni rastro Fanny y Michel, Paco Ruiz, Conchita, Pedro y Alonso, puede indicar una gran actividad del Cazador. ¿Pero cómo explicarse que sea capaz de capturarnos tan fácilmente?

Adrián pensó que, en la manera como Poldo suscitaba la atención del auditorio, había maña de orador experimentado.

—Nosotros hemos aventurado algo que os va a parecer horrendo, pero es necesario que lo conozcáis.

—No me lo puedo creer, Poldo, ya te he dicho que no es posible —lo interrumpió Eloína.

—Entre nosotros puede haber un traidor —dijo Poldo, firmemente—. Alguien que nos conoce muy bien, alguien que, por ser de los nuestros, puede transmitirle todos los datos seguros para hacernos vulnerables.

Entre los invisibles presentes se elevó un murmullo de indignación y de rechazo.

—No somos capaces de imaginar qué beneficio podría reportarle su traición, pero es una hipótesis a tener en cuenta, aunque os repugne tanto como a Eloína, o como a mí mismo.

—Yo no quiero creerlo —musitó Eloína.

—Eloína es demasiado bondadosa —añadió Poldo—. Pero os aconsejo que seáis muy precavidos. Hay que dispersarse, y vernos lo menos posible los unos a los otros.

Dos días después de aquella reunión, Adrián y Rosa acompañaron a Poldo a lo que él denominaba el feudo, pues había dicho que dos jóvenes como ellos no podían quedarse encerrados en aquel chalet con viejos y convalecientes, y que el feudo era un lugar aislado, seguro, y muy apropiado para las calurosas jornadas del verano. Fueron en la furgoneta del maniquí conductor, sin que Poldo diese importancia a su invisibilidad. Aquel gran muñeco de cartón piedra le parecía componer un disfraz perfecto frente a cualquier clase de vigilancia.

Al feudo, tras recorrer algunas carreteras cercanas, se llegaba después de atravesar un pequeño túnel excavado en la roca, por el que pasaba la antigua carretera, ya descuidada, de un faro en desuso. El túnel y la gran finca colindante pertenecían a Poldo. El resto del paraje había sido convertido en parque, o reserva, y su acceso principal tenía otra carretera. El túnel, clausurado por una gran reja, había quedado para uso exclusivo del dueño de la finca.

Aunque era un lugar muy solitario, cuando llegaron Poldo se aseguró bien de que no había cerca nadie que pudiese ver cómo sus invisibles manos soltaban la cadena que cerraba la reja y separaban ésta para permitir el paso de la furgoneta, antes de dejarla cerrada otra vez.

—El lugar es inexpugnable —dijo Poldo—. Un túnel sobre el acantilado. Sólo se puede llegar por el mar, pero hay tantos bajos y escollos que los barcos apenas se acercan. También se puede venir por el monte, pero dando mucho rodeo.

La furgoneta salió de la vieja carretera y descendió unos metros por un camino, hasta detenerse en una plataforma de tierra. Más abajo, a media ladera, había una pequeña construcción blanca de la que salía un sendero que serpenteaba monte abajo, entre los pinos, hasta una cala rodeada de rocas.

—El feudo —dijo Poldo después de bajar del vehículo, con un ademán ampuloso y ufano—. Cala particular, varias hectáreas de bosque mediterráneo, restos de excavaciones alemanas en busca de bauxita. Aquello que veis a la derecha, de forma redondeada, es un vivero de langostas. Cuando se tiene dinero se puede uno permitir todos los caprichos.

El lugar era hermoso y apacible, y a lo lejos se divisaba la amplia curva de la bahía, cubierta en su borde de apiñadas construcciones. Se bañaron, almorzaron unas langostas del vivero, que el propio Poldo cocinó, y tuvieron una larga sobremesa de charla.

Poldo había sacado de su bolsillo una gran navaja y pelaba con meticulosidad un melocotón.

—Para los invisibles, como para el resto de la humanidad, lo único que vale es darle gusto al cuerpo —decía Poldo—. Sacar lo que se pueda de esta vida, y listo. ¿Qué somos los seres vivos sino parásitos casuales en un gran sistema geológico?

—No exageres —dijo Rosa, risueña.

—¡Pero si eso es el universo, una complejísima red de pedruscos, la mayoría incandescentes, otros ya fríos, que no se sabe cómo se ordenaron ni cómo se desmoronarán! ¡El pedrusco es lo sustantivo, lo importante!

—La vida es más importante que las piedras.

—Estás equivocada. Lo importante son las piedras. En la superficie de este melocotón que estoy pelando, mucho antes de que madurase, ¿cuántos organismos microscópicos habrán vivido? Cuando el melocotón estuvo a punto, alguien lo recogió para aprovecharlo, pero pudieron haberlo olvidado, y acabaría separándose de la rama y cayendo al suelo para pudrirse. En todas esas fases, ¿cuántas generaciones de microsabandijas se habrán sucedido encima de esta monda?

—¿A dónde quieres ir a parar?

—Dales a las sabandijas conciencia de sí mismas y del suelo que pisan, si esas sabandijas tienen pies, y de las demás formas de vida que puedan rodearlas en el inmenso contorno de la monda que habitan: ¡no tardarán en convencerse de que lo verdaderamente importante, trascendental, en el tiempo del melocotón cuya superficie las acoge, son ellas!

—¡Pero la vida es única, sagrada! —exclamó Rosa—. ¡Esos pedruscos tuyos no tienen vida!

—¿Qué sabemos de la clase de vida que pueden representar, en la inmensa escala de su composición? ¿Qué sabemos de las clases de vidas que puede haber, por encima de los insignificantes procesos químicos que forman la nuestra? ¡Lo importante es el pedrusco, Rosita! ¡Lo demás somos parásitos efímeros, diminutos huéspedes perecederos! ¿Tú sabías que la corteza terrestre sigue desplazándose, y las montañas reajustando su volumen, y los mares su forma, a un ritmo que no nos podemos siquiera imaginar?

—¿Y eso qué tiene que ver con la vida?

—¿Nuestra vida? Nosotros solamente somos microorganismos, infusorios. El melocotón no está siquiera maduro, y ya nos hemos titulado reyes de la creación. Nuestra vida no es nada, al menos cósmicamente hablando. En términos absolutos, en relación con el tiempo real del universo, nuestra existencia ni siquiera sería apreciable.

Poldo tiró lejos el hueso del melocotón, se limpió las manos y se sirvió una abundante copa de coñac.

—¡Y menos cuando te ha tocado ser invisible!

Rosa alzaba mucho la cabeza, y su voz denotaba que aquellas afirmaciones de Poldo la desasosegaban.

—¿Y el dolor del mundo?

—Estéticamente lamentable, y peor cuando te toca a ti —replicó Poldo con una carcajada—. Pero al fin y al cabo, problemas de las bacterias que parasitan la piel del melocotón. Date gusto, Rosita, aprovéchate, y no permitas que otro se beneficie de lo que tú puedas conseguir antes. Esa es mi filosofía, y esa será mientras este cuerpo aguante, por lo menos tal como está.

Poldo se volvió a Adrián.

—¿No estás tú de acuerdo conmigo?

—Dicho de un modo tan salvaje, no puedo darte la razón —repuso Adrián.

—¿Por el modo de decirlo?

—Si hablo con sinceridad, acaso mi negativa se base en prejuicios hipócritas. No lo sé. Pero el dolor humano no sería inferior al dolor que pudieran sentir esos pedruscos de que hablas, si es que se les puede reducir a la categoría de mortales.

Rosa no dijo nada, y cuando intervino fue para llevar la conversación por otros rumbos, aunque sus palabras no dejaban de acoger una censura contra Poldo, en que pudiera disimularse la que habían merecido sus anteriores afirmaciones.

—A pesar del maniquí, ¿no crees que es una imprudencia que lleves ese automóvil? ¿Es que tú no tienes miedo del Cazador?

Poldo volvió a llenar su copa con lentitud, y luego alzó la cabeza y pareció que los miraba con mucha atención.

—El Cazador no existe —dijo.

—¿Que no existe? ¿Cómo que no existe?

P oldo lanzó una carcajada antes de continuar hablando.

—Ya habéis podido comprobar que nuestra comunidad de invisibles es bastante anciana. Con los años, se han formado algunas parejas, pero predomina la gente solitaria, que ha perdido toda esperanza de recuperar sus arraigos originales. Como dirían los psicólogos, es gente propensa a la hipocondría, a las neurosis. Por eso la decana y los que hacemos un poco de consejeros directos suyos hemos pensado que, de vez en cuando, conviene agitar un poco sus espíritus, sacudir su inercia, digamos.

Adrián y Rosa se quedaron en silencio, asombrados de lo que aquel hombre afirmaba, que convertía en una farsa las dramáticas palabras de aquella reunión, las advertencias de Eloína y de Alfonso y del propio Poldo, y el largo testimonio de Raimundo.

—¿Y cómo se os ocurrió eso del Cazador? —preguntó al fin Adrián.

legend

—Se me ocurrió a mí. Es cierto que, entre los invisibles, se conoce de antiguo la leyenda del Cazador, transmitida por otros más viejos y ya desaparecidos, un sigiloso perseguidor nuestro que conseguiría de vez en cuando, muy de tarde en tarde, acaso tras la meticulosa dedicación de una vida entera, dar caza a uno de nosotros y conseguir el trofeo.

—¿Un trofeo?

—El corazón, que al parecer se conserva como un objeto cristalino si se saca de nuestro pecho en el momento de morir y antes de que el cuerpo recobre la visibilidad que la muerte le concede —añadió Poldo, con burlona naturalidad.

—¡Qué horror, qué asco! —exclamó Rosa.

—Todo eso corresponde a la leyenda. Mas ¿por qué no imaginar que el Cazador de los antiguos pertenecía a un linaje determinado, y que tal linaje ha llegado a nuestros días, y que un descendiente, cazador avezado de animales, ha resuelto recuperar la ancestral prerrogativa de cazarnos a nosotros?

—La verdad es que parece plausible —dijo Rosa.

—¿Y los desaparecidos? ¿No es cierto que ha desaparecido la gente que tú mismo citaste?

—Es cierto —repuso Poldo—, pero sin duda ha sido por otras razones que no conocemos. Primero fue una pareja de americanos. Llevaba aquí muchos años, y aquí se habían encontrado. Quién sabe si regresaron a su país. Otra pareja, puede haberse ido también sin más ni más, y los demás, lo mismo. A lo mejor esa gente ha empezado a tener una edad caprichosa, todos se han hecho cincuentones, yo qué sé. Lo que sí puedo deciros es que el Cazador no existe, porque es un invento mío. De manera que podéis estar tranquilos.

—¿Y el traidor? —preguntó Adrián, en quien aquella invención había despertado un fuerte interés, cuyo motivo no sabía descifrar—. ¿Por qué imaginar la existencia de un traidor?

—¿Y por qué no? Sin ayuda, sería imposible que, por muy agudos que fuesen sus sentidos y su capacidad deductiva, un visible pudiese localizar a tantos invisibles. No digo que no encontrase alguno de vez en cuando, con mucha suerte y dedicación a la búsqueda. La leyenda imaginaba que, en cada generación, un cazador conseguía matar a un invisible, tras una incansable persecución. Un corazón cada veinticinco o treinta años, cuatro corazones en un siglo. Para la lógica de mi invención, si el nuevo cazador ha conseguido abatir a tantos, podría ser porque alguien entre los invisibles le facilita la información necesaria.

—¿Por qué lo iba a hacer? ¿Qué podría comprar la voluntad de un invisible hasta el punto de facilitar el asesinato de sus compañeros de desdicha? ¿Qué ofrecerle? Tú sabes que los invisibles podemos conseguir todas las riquezas del mundo.

Poldo se movió en su asiento con cierta impaciencia, como si el interés de Adrián por apurar los extremos de su invención lo incomodase un poco. Rosa intervino.

—Es un juego, Adrián, una ficción. ¿Por qué querer buscarle todas las justificaciones lógicas? Se trata de ayudar a esa comunidad para que se mantenga despierta, con ganas de sobrevivir. Iba a decir que es una mentira piadosa, pero creo que es mucho más, es una forma de terapia de grupo.

—Acaso el problema es que yo soy demasiado individualista —dijo Adrián—. A mí me parece una simple engañifa, y además algo brutal. La mentira es siempre una forma de violencia. Me imagino lo duro que ha tenido que resultar para esa anciana, Eloína, y para Alfonso, participar en un juego así.

—Eres todavía muy joven —concluyó Poldo, con tono condescendiente—. Cuando lleves unos cuantos años invisible, verás las cosas de otro modo. Te sentirás tan aislado, tan sumido en un espacio cada vez más tenebroso, tan separado de todo, que agradecerás cualquier noticia que te saque del marasmo, aunque pueda anunciar una catástrofe para ti.

Adrián levantó su copa e hizo un gesto de brindis en que había una aparente aceptación, antes de beber unos sorbos.

—¿Cómo eres tan buen psicólogo?

—Para ganarse la vida en ciertos campos hay que serlo, amigo mío. Y yo me la gané bien durante unos cuantos años, antes de esta mierda.

—¿A qué te dedicabas?

Poldo volvió la cabeza y habló después de soltar una risita.

—¿Qué más da? Ahora todo lo que hemos sido y hemos hecho ya no nos afecta. Eso fue antes, en un antes que no es nuestro, y que debemos olvidar de una vez.

—Háblanos del talismán —pidió Rosa.

—Otra leyenda —contestó Poldo, vagamente, y apuró otra vez su copa—. Ya os lo dije allí, en casa de Eloína. Se hablaba de algún objeto. Y existirían ciertos lugares en que, acaso por la composición del terreno, fuese posible perder lo que sea que nos ha hecho invisibles y recuperar la normalidad. Los viejos decían que existe el talismán.

Los tres se quedaron en silencio, con los ojos en el mar, contemplando el paso de un velero cercano.

—¿Qué mejor riqueza podríamos desear nosotros? ¿No serías capaz de cualquier cosa por recuperar la visibilidad? —preguntó Poldo.

Rosa volvió la cabeza, lo miró y se quedó pensando unos instantes, como si aquella pregunta fuese algo más que una pura formulación retórica.

—Yo creo que no. Hay cosas que no se pueden hacer a ningún precio. Por ejemplo, ayudar a que cacen a tus compañeros.

—¡Qué seria eres! —exclamó Poldo, con una risotada—. Yo también fui así de serio, hace muchos, muchos años.

Poldo estuvo unos instantes manteniendo aquella risa como si la paladease envuelta en el coñac, y luego se dirigió a Adrián.

—¿Y tú? ¿Qué piensas tú? ¿Qué darías tú por volver a ser visible?

A Adrián le parecía que aquella pregunta no era banal, aunque la cuestión se hubiese suscitado casualmente, y que en Poldo había de pronto una ansiedad excesiva, aunque en aquel momento había bebido ya bastante coñac y acaso su cabeza no tenía la claridad debida.

—No lo sé —contestó—. Yo no soy tan idealista como Rosa, y creo que no hay nada que no tenga su precio. El asunto es lo que cada uno está dispuesto a pagar.

Poldo se echó a reír otra vez.

—Nosotros vamos a entendernos bien, y Rosita será nuestro Pepito Grillo.

El calor había aflojado y Poldo les dijo que iba a dejarlos solos algunos días, pues sus compromisos con la comunidad le obligaban a visitar a algunos compañeros más apartados. Les explicó dónde se encontraba lo que podían necesitar. Si algún intruso se acercaba, lo que no era probable, había una grabación que se podía poner en marcha para transmitirse por altavoces. En ella se informaba terminantemente sobre lo privado de aquel espacio y lo prohibido del paso.

—He tenido que usarla muy pocas veces, y nunca han dejado de obedecer.

Por fin se marchó camino arriba, dando grandes zancadas enérgicas, y Adrián y Rosa quedaron solos en el atardecer, que al dorar los lejanos edificios fronteros ponía en la cala un reflejo cristalino.

Jugaron en el agua, se persiguieron por la pequeña extensión de arena. No habían vuelto a abrazarse desde la
noche anterior a su encuentro con los invisibles y Adrián,
aunque estaba lleno de deseo, se sentía sujeto por una inu-
sitada timidez, como si aquel primer encuentro hubiese
sido fortuito, sin seguridad de futuro. La persecución faci-
litó la cercanía y descubrió en Rosa la misma disposición
amorosa que aquella noche, y hasta cierta extrañeza por
su desapego de los días anteriores.

—¿Qué te pasaba? —murmuró Rosa—. ¿Es que sólo te
gusto las noches de luna?

Adrián sintió dentro de sí una gran alegría.

—Esa comunidad de invisibles me tenía aturdido. Y no
sabía cómo me recibirías.

Rosa le obligó a tumbarse a su lado.

—He pensado mucho en lo que dijo la anciana. Nosotros, por lo menos, tenemos la suerte de estar juntos. ¿No
me quieres?

En los encuentros amorosos, María Elena practicaba
unos abrazos rápidos pero muy gimnásticos, y hasta un
poco violentos. Aborrecía la expresión hacer el amor, por
considerar ridículo el eufemismo, pero también la de follar
le parecía inadecuada, por lo chabacana, y copular propio
para describir sólo la unión de las bestias, en que la imaginación estaba ausente. «Vamos a hacerlo, ¿quieres hacerlo?»,
decía, con una entonación y una expresión en la mirada que
no requerían más explicaciones. En la experiencia más reciente de Adrián, Paquita era también enérgica, amiga de los
retorcimientos corporales pero lenta en el desarrollo de las
exploraciones táctiles de cada fase. La expresión que definía
el encuentro amoroso en Paquita, que lo decía sonrojándose
pero con una sonrisa, pues el rubor no estaba originado por
la vergüenza sino por el deseo, era echar un polvo. «Qué
polvo hemos echado, niño», decía con un suspiro rotundo,
lleno de salud, cuando habían terminado.

Rosa era mucho más pasiva y, aunque devolvía las caricias con generosidad, no gustaba de gimnasias ni de retorcimientos corporales. Se demoraba mucho en los mimos del cuerpo y en la lentitud y variedad de los besos, y acogía todos los aspectos de aquella comunicación bajo la expresión querer. «Vamos a querernos, cómo te quiero, quiéreme, quiéreme», iban marcando los sucesivos avatares del abrazo. Y después del clímax, se quedaba mucho tiempo inmóvil, con los ojos cerrados y los brazos extendidos a lo largo del cuerpo.

—¿Me quieres? —preguntó Rosa.

—¿No lo has notado?

—Hablo de querer, bobo, de querer —le contestó ella, mostrándole que todo el lenguaje está lleno de sentidos escurridizos.

De aquellos días junto a Rosa, el siguiente sería uno de los mejores en el recuerdo de Adrián, por lo menos hasta el atardecer. Bajaron pronto a la playa y, con el interés absorto y minucioso de los niños que buscan entre las rocas los secretos marinos, estuvieron recorriendo todos los rincones de la cala. El vivero de langostas, aunque era un espacio artificial, tenía muy bien disimuladas sus paredes y la máquina depuradora, y todo el resto del lugar parecía ordenado arquitectónicamente, para hacer resaltar aún más los contrastes entre roca, arena y agua, y el aspecto agreste del paraje.

Sólo se oía en la soledad el rumor del mar y el palmoteo más cercano del oleaje en la orilla, y Adrián contempló de repente su naufragio como algo real, sintiéndose un verdadero Robinson que había sido afortunado incluso con el hallazgo de una semejante.

La serenidad del día y la belleza del lugar, en la seguridad de su aislamiento, les hacían sentir una plenitud que los llevaba sin esperas a la alegría de los juegos y de los abrazos amorosos, y Adrián y Rosa disfrutaron de la jornada como una pareja de enamorados comunes y corrientes en un día festivo.

Después del baño trastearon en la cocina para cocinar unos platos, comieron sentados a una mesa, a la sombra del entoldado, y se bebieron una botella de los buenos vinos que Poldo conservaba. Tras la comida se fueron a la cama, y sus cuerpos reconocieron el mutuo gusto de las caricias, y buscaron el ardor progresivo del deseo para perderse el uno en el otro.

Se quedaron en la cama. La cercanía del mar mantenía en aquella casa un frescor que favorecían los grandes ventiladores del techo. Estaban inmóviles en la penumbra, sintiendo cómo se aquietaba el ritmo de sus pulsos.

Fue Rosa quien empezó a hablar de Poldo. Se preguntaba cómo había podido encontrar un lugar como aquél, y cuánto le había podido costar, y de qué modo él y los otros invisibles habían organizado esas relaciones inevitables con el exterior que se entretejen en una red de bancos, empresas de suministros e instituciones oficiales.

—Como dicen ellos, en nuestro mundo basta tener dinero y un teléfono para conseguir todo lo que necesites, seas o no invisible —dijo Adrián.

Como en la vivienda de Eloína y Alfonso, la casa central de la comunidad, las paredes de la casa de Poldo estaban desnudas y había muy pocos muebles.

—Ese Poldo es extraño —añadió Adrián—. Parece un actor, como si estuviese interpretando un papel, como si recitase.

Los fervores amorosos de la noche anterior y las dulzuras de la jornada que estaba viviendo no le habían permitido a Adrián recapacitar en todo lo que Poldo les había confesado, pero lo hacía en aquella paz de la siesta, encontrando en todo un eco novelesco y ficticio que iba más allá de la propia invención que el hombre había pretendido descubrirles. Incluso el vehículo que usaba, con aquel extravagante muñeco, tenía algo de curioso disfraz. Un talante de disimulo parecía predominar en él sobre todo lo demás, hasta el punto de teñir sus palabras de una vaga impostura permanente.

—Rosa —exclamó—, ¿tú crees que lo del Cazador es sólo una invención, como dice él, un recurso psicológico para estimular a esa gente?

—¿Por qué no lo iba a ser? ¿A ti no te pareció un poco estrambótico lo que contó Raimundo, con ese Cazador vestido de montero antiguo, un gorro de Robin Hood y una ballesta?

Adrián reconoció en aquellas palabras la misma intuición que había sentido al escuchar el relato de Raimundo, pero se sentía sereno, reposado, con la mente hábil para sopesar todos los puntos de la pretendida invención.

—¿Y el resto de la historia de Raimundo? ¿No lo encontraste verosímil? ¿Tú crees de verdad que Raimundo estaba fingiendo? A mí me extrañó mucho su historia, pero no porque me pareciese que fingía, sino por lo raro de todo. Me sentí soñando, como otras veces desde que soy invisible.

—Una buena actuación es, precisamente, la que no da impresión de fingimiento.

—Pero nosotros pudimos comprobar que junto a nuestra alcoba había un convaleciente. Se movía en la cama, se quejaba. Le subían la comida. Olía a desinfectante.

Rosa no dijo nada.

—¿Y Eloína? —continuó Adrián—. ¿Tú crees a esa anciana capaz de mantener una farsa con tanta convicción? ¿Y a Alfonso? ¿No te pareció también una de esas personas incapacitadas para cualquier forma de fingimiento?

—¿Pero por qué iba a engañarnos este hombre? ¿Qué iba a ganar él con ello?

A la caída de la tarde volvieron al espacio cristalino de la cala y recobraron una vez más el olor a mar y el tacto cálido del agua.

Era en esos momentos, en los baños vespertinos, cuando Adrián, acostado sobre el agua, escrutaba a veces su pasado para reconocerlo con frialdad, y las últimas escenas de su vida de visible, la tarde en la casa del abuelo, volvían a reconstruirse en su recuerdo como cuadros ajenos y extraños. Así, pensaba en el abuelo, y en sus familiares, y en Sara, como en algo remoto, de perfiles desvaídos, cuya ausencia no podía causarle ya ningún dolor porque no pertenecía al hombre que ahora era, sometido a unas reglas nuevas y acaso incorporado para siempre a una diferente y extraña comunidad de seres vivos. Sus afectos pasados parecían haberse extinguido dentro de él, como consumidos en una llama mansa.

Sin embargo, aquella tarde, mientras veía su cercano pasado perdido en un tiempo impreciso y su cuerpo se reconciliaba otra vez con el universo a través de la percepción intensa del mar, empezó a desasosegarle con una inquietud cercana, palpitante, la figura de Poldo sirviéndose copa tras copa, como si aquellos gestos no se limitasen a escanciar el licor, sino que denotasen también una actividad muscular en que iban a resolverse ciertas tensiones ocultas.

Había habido algo en aquel desvelamiento donde estaba la clave del asunto, algo que podría dar sentido a la verdad o a la falsedad de la historia, y con ello cambiar totalmente la apariencia de las cosas, pero Adrián no era capaz de identificarlo.

Salió del agua y se quedó contemplando el lugar de la plataforma de tierra en que, cuando llegaron al feudo, se había detenido la furgoneta de Poldo. Si algún vehículo se acercase hasta allí, no sería posible descubrirlo desde la playa ni desde la casa. Y acaso el rumor del mar, por muy tranquilas que estuviesen sus aguas, disimulase el sonido de un motor de coche. Se calzó y empezó a subir hacia la casa.

—¿A dónde vas?

—Ahora mismo vuelvo.

El teléfono estaba sobre una gran caja de cartón, cerca de la puerta de entrada, y junto a él había un papel con una lista de iniciales y números. Adrián había imaginado que aquellas iniciales y números correspondían a los distintos invisibles de la comunidad, y marcó el que tenía las iniciales *a* y *e*, y la palabra *casa*, en letras mayúsculas. La voz profunda y cansada de Alfonso contestó, al otro lado de la línea.

—Soy Adrián. Adrián y Rosa. No sé si nos recuerdas.

—¡Los chicos! ¿Cómo no iba a acordarme?

La voz de Alfonso adquirió algo de viveza, para preguntar enseguida qué tal iban las cosas.

—Estamos bien, el feudo de Poldo es paradisíaco —repuso Adrián.

—¿Cómo está Poldo?

—Poldo no está con nosotros, nos dejó para visitar a algunos hermanos.

Alfonso no dijo nada y Adrián empezó a aclarar el sentido de su llamada.

—Estamos muy desconcertados y te llamo para saber cuál es la verdad. Poldo nos ha contado que el Cazador no existe.

—¿Que el Cazador no existe?

—Que es sólo una fábula que os habéis inventado para estimular al resto de la comunidad. Que no debemos preocuparnos. Según él, todo fue una comedia en la reunión de invisibles, tus palabras, las de Eloína, la historia que contó Raimundo, su herida. Una comedia, una farsa, una invención que el propio Poldo habría urdido, con vuestra conformidad.

La voz de Alfonso se hizo otra vez oscura y seca.

—¿Una comedia?

—Para estimular a los demás hermanos, para tener entretenida a la comunidad, y con deseos de sobrevivir. Pero el Cazador no existe.

—¡Claro que existe el Cazador! ¿Cómo íbamos a inventar una cosa así?

Adrián descendió corriendo la empinada senda. Mientras bajaba, llamaba a Rosa con grandes voces. Rosa lo saludó con la mano y salió al fin del agua.

—¡Hablé con Alfonso! ¡Claro que existe el Cazador! —exclamó Adrián—. ¡Y ahora sabemos quién es el que le facilita las piezas! ¡Hay que largarse de aquí enseguida!

—¿Pero por qué engañarnos? En cualquier caso no nos íbamos a mover de aquí.

—Ese tipo es un actor, le gusta recrear la realidad y tomar parte en la representación. Todo lo suyo es impostura.

—¿Pero por qué? ¿Qué puede ganar con ello?

Secos y vestidos, subieron hasta la carretera para comprobar que la reja del túnel estaba cerrada con la cadena y el candado. En una de las paredes del túnel había una pequeña cueva que guardaba viejas señales de tráfico, tablas de vallas, sogas y un oxidado farol de aceite. Adrián desmontó el asta metálica de una de las señales e intentó forzar con ella la cadena que aseguraba el cierre de la reja, pero no pudo.

Quedaba la otra salida, aquella a la que había aludido Poldo como más dificultosa, la que al parecer cruzaba el parque, pero el haber conocido la falsedad de Poldo los había confundido tanto que todavía estaban desorientados y vacilantes, sin saber muy bien cuáles deberían de ser sus pasos siguientes.

Por fin, mientras Adrián quedaba junto al túnel, con la mirada en los últimos fogonazos que el sol poniente arrancaba de las ventanas de los lejanos edificios, al otro lado de la bahía, Rosa recorrió un tramo de la vieja carretera en busca de una senda que subiese monte arriba, y regresó un poco después diciendo que la había encontrado, y que ya podían irse.

Entonces oyeron un ruido de motor de coche que se aproximaba y, pegados a la pared del túnel, se acercaron a la reja para conocer lo que sucedía.

La furgoneta de Poldo se detuvo a unos metros de la reja. Detrás venía un automóvil grande, negro, lujoso. Poldo descendió de la furgoneta y su visión inmovilizó a Adrián y a Rosa, que recularon para esconderse en la cavidad de la pared en que se guardaban las señales y demás utensilios camineros, y vieron cómo Poldo soltaba el candado y retiraba la cadena de la reja. No mostraba ya la figura borrosa y azulada que los invisibles tenían para sus semejantes como única huella de su corporeidad, sino el aspecto concreto y voluminoso de un cuerpo ordinario. Poldo era del todo visible, y se movía como si la recuperación de la normalidad diese mayor seguridad y firmeza a sus ademanes.

Mientras comenzaba a tirar de la reja para dejar libre la boca del túnel, se acercaron tres hombres, que habían descendido del automóvil. Dos de ellos tenían un aspecto bastante tosco, y Adrián recordó a los sicarios sudorosos del relato cinegético de Raimundo. El otro era un hombre más joven, que lucía una elegante camisa de verano, y que se dirigió a Poldo cuando terminaron de mover la reja.

—Devuélvemelo —dijo—.

—¿Por qué no me lo dejas? No voy a faltar a lo prometido.

El hombre había llegado junto a Poldo y le quitaba algo que éste llevaba colgado del cuello, acaso un cordel fino y oscuro del que pendía un objeto esférico.

—No es desconfianza —repuso el hombre, con voz jocosa—, sino una precaución elemental. Los invisibles podéis ser también imprevisibles.

—Pero con éstos serán nueve. Tres más, y deberá ser mío definitivamente.

El hombre se echó a reír.

—¿Quién te dijo eso?

Ante los asombrados ojos de Adrián y Rosa, el cuerpo de Poldo se iba desvaneciendo otra vez, hasta volver a la invisibilidad con que lo habían conocido. En la voz de Poldo vibraba una rabia sincera.

—El propio Cazador, tu padre. Consígueme diez y el talismán será tuyo, me dijo. Con estos dos serán ya nueve.

El joven guardó el colgante en un saquito.

—Serían ocho, pues el último logró escaparse.

—¿Qué cuento es ése?

—Iba herido, y acaso haya muerto en el monte. Pero el caso es que se escapó. Mi padre no pudo cazarlo.

—Yo no tengo por qué pagar los fallos de tu padre.

—Una docena para cazar. Eso, por lo que hace a mi padre, que hizo el trato contigo sin que yo lo supiese. Ahora yo te voy a decir mi trato.

—¿Tu trato?

—Media docena para mí. De varias edades, dentro de lo que hay, y de ambos sexos.

—¿Qué dices? ¿Tú también cazas?

—A mí eso me parece un desperdicio, en los tiempos

que corren. Yo los quiero para otra cosa. Vivimos la era de la investigación.

—¡Eso no es lo pactado!

—Mi padre obró por su cuenta, sin valorar el talismán todo lo que merece. Pero el talismán pertenece a la familia. Diez más, cuatro para mi padre y seis para mí, y será tuyo. Esa es la última palabra.

Poldo estaba inmóvil, y sólo ellos podían apreciar la actitud tensa de su cuerpo, las manos agarradas como sujetando un impulso.

—Ahora, a trabajar —dijo el joven, concluyente—. Yo me quedo aquí, esperando.

Los dos ayudantes estaban ya dentro del túnel. Permanecían quietos, mirando con suspicacia en la dirección del joven que hablaba con aquella figura desvanecida. Cada uno llevaba debajo del brazo un cilindro blanco, que podía ser una red enrollada. Poldo echó a andar hasta rebasarlos, en dirección a la otra boca del túnel, y los llamó cuando estuvo separado de ellos unos pasos.

—¡Aquí! ¡Venid!

Los hombres volvieron las espaldas para buscar desconcertados la voz de Poldo.

—¡Seguidme!

Los hombres echaron a andar en dirección a la voz.

—Yo iré delante. Vosotros me debéis esperar al final del camino que hay a la izquierda, unos pasos después de salir del túnel. El camino termina en un ensanche de tierra. Yo bajaré a la casa para ver cómo están las cosas. Subiré a avisaros cuando debáis actuar.

Los hombres siguieron las instrucciones que la voz de Poldo les había dado, y al salir del túnel se alejaron por la carretera, buscando el camino.

Adrián y Rosa, desde su escondrijo, pudieron comprobar que Poldo no se había movido del sitio en que estaba.

Cuando las figuras de los hombres hubieron desaparecido, encaminadas ya por la ladera hacia la plataforma de tierra, Poldo echó a andar, pero no en la dirección que habían seguido los hombres, sino en la opuesta, y empezó a aproximarse con sigilo al lugar en que se encontraba el hombre joven, el hijo del Cazador, que en aquel momento fumaba un cigarrillo mientras daba largos y lentos pasos entre la boca del túnel y su propio vehículo.

Adrián y Rosa vieron que Poldo sacaba de su bolsillo la gran navaja, la abría y se acercaba cada vez más al fumador. Cuando estuvo a sus espaldas, ciñó de repente su cuerpo con un brazo y empezó a clavarle la navaja en el costado, en el vientre, en el pecho, en sucesivos y rápidos golpes. El agredido intentó gritar, pero de su boca sólo salió un balbuceo, porque Poldo levantó el brazo para tapársela mientras seguía clavándole la navaja una y otra vez.

El cuerpo del hombre quedó al fin tendido en el suelo, y Poldo le puso una mano en la garganta, como buscándole el pulso. Cuando pareció confirmar lo que pretendía, limpió la hoja en la flamante camisa de la víctima, cerró la navaja, la guardó, y buscó precipitadamente en los bolsillos del apuñalado hasta encontrar el saquito y unos juegos de llaves.

Adrián ya había comprendido cuál era el precio de la traición de Poldo, aquel dato de su charla que él había intentado descifrar sin conseguirlo. «¿No serías capaz de hacer cualquier cosa por recuperar la visibilidad?», había dicho la tarde anterior, y en el énfasis de sus palabras se mostraba una convicción firme, que al parecer rebasaba el latiguillo hiperbólico. Como el gesto que daba sentido a las apariencias con que aquel hombre les había intentado confundir, pudo ver cómo se volvía a colgar del cuello el pequeño objeto esferoidal. La bruma de su figura comenzó a fortalecerse para quedar cada vez más perfilada por los volúmenes claramente marcados de la realidad visible.

Poldo, con el manojo de llaves en la mano, se dirigió hacia
el vehículo del hombre que yacía apuñalado en mitad de
la carretera.

—Se va a escapar —musitó Rosa.

Adrián había vuelto a empuñar el asta metálica con
que, un rato antes, había intentado descerrajar la reja del
túnel, y se disponía a echar a correr hacia Poldo cuando
éste, como si hubiese tomado una decisión repentina, se
volvió hacia el cuerpo apuñalado, lo cogió de los pies y comenzó a arrastrarlo en dirección al acantilado.

En el momento en que Poldo, cambiando su posición,
alzaba el torso de su víctima para intentar darle el empu-
jón final que lo haría desaparecer en el vacío, Adrián llegó
a su lado y le golpeó la cabeza con la barra de metal. El
golpe sonó sordamente y Poldo se desplomó sobre el otro
cuerpo.

—No sé si no lo habrás matado —dijo Rosa, soltando
un pedazo de tabla que había cogido para colaborar en la
reducción de Poldo.

Adrián se había quedado también un poco aturdido de
su propia acción.

—Por si acaso, vamos a atarlo —dijo, asumiendo todas
las posibilidades.

Retiraron la cadena de la reja y rodearon con cuidado
los brazos de Poldo, para asegurar luego con el candado la
firme unión de los eslabones. Una de las sogas que había
en el depósito de objetos camineros les sirvió para atarle
los pies. Poldo empezó a rebullir.

—No lo maté —dijo Adrián, con alivio.

—¿Qué hacemos con él? —preguntó Rosa.

Adrián, sin contestar, sacó del cuello del desvanecido
lo que resultó ser una tira de cuero que enhebraba un objeto mate, irregular aunque de forma esférica, que podría
pasar por cualquier piedra pequeña de color negruzco, y
lo guardó en el saquito.

191

—Podríamos dejarlo donde está —sugirió Rosa.

Adrián miró a Rosa con admiración.

—Claro. La última pieza para el Cazador, con un regalo adicional.

Rosa buscó en los bolsillos de Poldo la navaja, la abrió con determinación y la colocó en el suelo, junto a los dos cuerpos. Pero Adrián la recogió, la abrió, e hizo que la mano de Poldo quedase empuñándola.

—¡Como en las películas! —exclamó—. Y ahora sí que hay que marcharse.

Sentía el saquito en su mano como un pequeño ser vivo capaz de transmitirle un desasosiego hondo y sólido.

—Guarda tú esto —añadió—. Tenemos que pensar lo que vamos a hacer con ello.

Todos los hechos que habían presenciado y su intervención en los acontecimientos les tenían muy desazonados, y en lugar de buscar la ruta de la ciudad, se desviaron por una de las carreteras de la montaña, hasta alcanzar una cota muy alta, sin otras construcciones que una pequeña cabaña de pastores. Ya había oscurecido casi del todo, y frente a ellos se extinguían los últimos fulgores rojizos. Rosa había dejado el saquito sobre el salpicadero del gran automóvil, y los dos eran conscientes de su presencia y de su contenido, pero ninguno de ellos aludió a aquel objeto que podía devolverles la visibilidad en unos instantes.

—¿Qué hacemos? —preguntó Adrián—. ¿No te parece que nuestras vacaciones aquí no dan más de sí?

—¿Por qué no empezamos un viaje?

—Yo voy donde tú digas. Tú eres la viajera. Pero no me lleves a Ruanda ni a Kosovo.

La voz de Rosa no mostró suspicacia.

—Déjame pensarlo. Siempre he querido conocer Australia.

—A mí me da igual.

Sin embargo, el breve contacto con la comunidad de invisibles le había dado a Rosa cierta nostalgia de la vida familiar. Así, aunque estaba decidida a emprender un largo viaje, quería antes pasar por la ciudad donde vivía su hermana y ver cómo seguía, y cuánto habían crecido sus sobrinos.

—La última vez que estuve a verlos, la empresa de mi cuñado tenía dificultades.

—En el tren todo está de paso, porque lo del automóvil fantasma se ha terminado —repuso Adrián—. De manera que vamos a dormir aquí, en este coche tan elegante, y mañana nos acercaremos a la estación más cercana.

Prepararon los asientos. En aquella altura había algo de frescor y un silencio que nada turbaba, y quedaron dormidos enseguida.

Adrián despertó al oír un vago repicar de campanas. Rosa no se encontraba a su lado, y se alzó con susto, para descubrir que tampoco el saquito estaba en el salpicadero. Pero Rosa estaba a unos pasos del automóvil, sentada sobre una gran piedra, contemplando la lejana bahía que empezaba a llenarse de sol. Tenía el talismán colgado de una mano y el brazo se le había vuelto del todo visible. Adrián pudo comprobar que su piel era muy blanca.

—¿Eres rubia? —preguntó—. ¿De qué color tienes los ojos?

Rosa dio un respingo de sorpresa y luego se echó a reír.

—A lo mejor cuando nos veamos bien el uno al otro ya no nos gustamos —repuso.

El coche empezaba a recorrer la carretera de la costa y Rosa le dijo a Adrián que se detuviese en uno de los pequeños estacionamientos que, en los lugares más pintorescos del recorrido, facilitaban el acceso a ciertos miradores. Rosa había metido el talismán en el saquito y toda ella era borrosa otra vez. Bajó del coche y le pidió a Adrián que la siguiese, para acercarse al borde del murete que coronaba el acantilado. Muchos metros más abajo espumeaba el agua del mar.

—He estado desvelada toda la noche, pensando en esta cosa, y no sé si estarás de acuerdo con lo que te voy a proponer. Yo quiero ser visible, claro, recuperar mi apariencia natural, igual que tú, pero esto que está aquí dentro no vale para eso. Esto es un objeto peligroso, dañino, que te hace visible a ratos. Con él no acabas de ser visible ni invisible. ¿Cómo vamos a vivir con esto tú y yo?

A Adrián le pareció intuir lo que había detrás del discurso de Rosa, pero no dijo nada.

—Estoy segura de que nos amargará la vida. Esto sólo puede ser bueno para la gente como Poldo, llena de malas intenciones, que quiere estar y no estar, aparecer y desaparecer a su antojo.

Rosa había vuelto a sacar la piedra del saquito, y sus manos empezaron a recobrar lentamente todo su volumen. Adrián vio que la tira de cuero ya no enhebraba el talismán.

—He estado pensando en esta cosa y creo que, a pesar de todo, lo mejor que se puede hacer con ella es tirarla donde nadie la pueda encontrar, como esos objetos maléficos de los cuentos. ¿Tú qué opinas?

Adrián comprendió que había adivinado el pensamiento de Rosa, pero no sintió contento alguno, sino una especie de congoja, que supo disimular.

—¡Que lo tires! ¡Anda, tíralo! —exclamó—. ¡Tíralo de una vez!

Rosa lanzó la piedra al vacío, y su gesto asustó a unas gaviotas cercanas, que se alzaron de repente y pasaron volando ante ellos, entre fuertes graznidos.

Cerca de la estación había un gran supermercado y entraron allí a desayunar. Las infinitas mercancías ordenadas en sus largos nichos verticales le recordaron a Adrián los días en que había conocido a Rosa. Eran recientes y, sin embargo, estaban marcados por un aire de pasado lejano, o de pasado sin tiempo, como las verduras desmadejadas y las pequeñas pirámides de quesos que acogían el silencioso escrutinio de la clientela del centro comercial parecían permanecer allí desde un punto sin fecha determinada, ofrendas de una antiquísima necrópolis de pronto descubierta que se mantuviesen como en el momento del rito.

Sin embargo estoy vivo, vivo, volvió a pensar Adrián, y reconoció su invisibilidad como una marca familiar, como esa cicatriz o esa amputación que un accidente nos deja para siempre, y que debemos acabar aceptando con serenidad.

A las once tomaron un tren medio vacío y, tras un transbordo a media tarde, llegaron al anochecer a la ciudad de Rosa, bastante cansados.

Los dos primeros hoteles que buscaron estaban llenos, pero al fin encontraron otro, muy lujoso, y pudieron conseguir una habitación grande, con una cama de dosel y un balcón que se abría sobre un jardín.

El plan del día siguiente los separaba por unas horas. Rosa tenía el propósito de acercarse a la casa de su hermana y conocer las novedades desde su última visita. Lo había hecho otras veces, y siempre le había causado mucha desazón estar presente como un fantasma, como un visitante silencioso de ese reino de los muertos al que Adrián se sentía tantas veces pertenecer.

—Vendré llorando como una Magdalena. La última vez sólo besé a mis sobrinos, que estaban dormidos y eran tan pequeños que no se podían enterar. Ahora ya, quizá ni eso. Y me da mucho miedo que haya sucedido algo malo.

Adrián recorrería la ciudad, que no conocía, y que tenía varios lugares y monumentos de renombre, uno de ellos muy valioso.

Se separaron en el puente que cruzaba el ancho cauce del río, frente a un sólido y antiguo monumento de piedra arenisca muy carcomida, donde deberían volver a encontrarse a primeras horas de la tarde. Adrián tomó el camino del antiguo centro de la ciudad, y fue recorriendo sin prisa las viejas calles, entre los vestigios de antiguas fortificaciones y edificios hechos para la residencia de los príncipes y de los poderosos. Un antiguo jardín con estanques y fuentes, oloroso a flores, le invitó a un rato de descanso entre las palmeras y los naranjos.

Alguien había abandonado un periódico en el banco. Adrián, por el aspecto de sus hojas, supuso que correspondía a aquella misma jornada o a una muy reciente, y pudo saber que por aquellos días se cumplía el mes tercero de su invisibilidad. Volvió a revisar la fecha y le sorprendió que el plazo fuese tan escaso, pues el sentimiento de infortunio que lo había acosado en la primera época se había transformado, y podía llegar incluso a la placidez que en aquel mismo momento lo impregnaba, como si su transformación fuese muy antigua y hubiese dejado en el pasar del tiempo la memoria certera de una condición anterior, que ya no le correspondía, mientras el agua saltaba en chorros sobre los estanques y la luz hacía cristalizar bajo los laureles una sombra transparente.

Al rato dejó el lugar y se encaminó al monumento más famoso de la ciudad, un lugar sagrado que las pugnas y las contradicciones humanas habían ido ampliando y transformando a través de los siglos mediante mixturas a veces sorprendentes a la vista. El ambiente tenía allí un frescor de bosque nocturno, que acrecentaba la propia disposición arquitectónica. Aquello le hizo recordar la aventura inicial de su estado, y las pisadas y bisbiseos de los demás visitantes le hacían evocar también un rumor de élitros y suaves gorjeos en una espesura.

En una parte del monumento, una pieza de la arquitectura estaba cubierta por una coraza de material transparente, que sin duda la protegía del contacto de los visitantes. Sobre la superficie oscura había rasponazos profundos, huellas acaso de alguna lejana y violenta veneración. En todo el espacio había pequeños muebles antiguos, excluidos del uso de los visitantes con la endeble pero clara barrera de un grueso cordón rojo. En aquel punto, muy cercano al objeto protegido, se mostraba sobre una peana de madera un asiento vetusto. Adrián saltó el cordón y se sentó, con el sentido de impunidad que era uno de los juegos más regocijantes de su condición de invisible. Quedó allí descansando un rato, y la imagen y el murmullo de bosque que todo a su alrededor presentaba le hizo revivir aquel momento en que había visto el difuso blancor entre los árboles. En la pieza protegida por la cubierta transparente advirtió el mismo curioso color negruzco, más mate que brillante, de la pequeña piedra horadada que Rosa había arrojado al mar.

Su caminata en dirección al fulgor, la búsqueda entre las zarzas, el encuentro por fin de la extraña flor que brillaba como una joya exagerada y misteriosa, volvieron a su imaginación sin que fuese capaz todavía de distinguir si aquel episodio había tenido lugar en el espacio de la vigilia o era la resaca de algún sueño empeñado en prevalecer en ciertos recovecos confusos de la memoria.

A partir de entonces, Adrián se fue sumiendo en un estupor mental que se correspondía fielmente con un poderoso anquilosamiento del cuerpo. Al cabo de un tiempo, sintió en su brazo derecho un escozor que reconoció con viveza, que se hizo cada vez mayor hasta convertirse en una impresión de quemadura, y el ardor se comunicó a todos sus miembros hasta que, incapaz de moverse ni de gritar, a Adrián le pareció que todo él se estaba consumiendo

por efecto de alguna repentina y dolorosa combustión.
Luego, perdió el sentido.

Adrián despertó en la habitación de un hospital, con
una extrañeza que tardó bastante tiempo en disolverse. A
la luz escasa del lugar en que se encontraba, podía vislumbrar unas paredes blancas y los vagos contornos de algún
pequeño bulto vertical. Oía también algunas palabras lejanas. Luego comprendió que el bulto era una botella de
suero, y que las palabras no eran tales, sino la respiración
entrecortada de alguien que permanecía en otra cama,
muy cerca de la suya.

Una enfermera apreció por fin que Adrián había despertado, y así pudo enterarse poco a poco, mientras la enfermera le tomaba la temperatura y el pulso, de que era
otra vez visible, y que llevaba cuatro días perdido en su
desvanecimiento, desde que lo habían encontrado en
aquel venerable sillón, presa de algún ataque cuyas causas
todavía no habían podido determinar.

La enfermera le informó también de que pronto llegaría el doctor para reconocerlo. Pero Adrián se encontraba
bien, y el hambre que sentía era sin duda señal de salud.
Cuando la enfermera se fue, buscó sus ropas en el armario
metálico frontero a su cama, sorprendido de encontrarlas
tan sucias y desgarradas. Entró en el cuarto de baño y, antes de reconocer su rostro en el espejo, se asustó de aquella
aparición súbita en que apenas podía identificar sus propias facciones, el pelo desgreñado y unas largas barbas cu-
briéndole el rostro.

Adrián escapó del hospital para encontrarse con que
su aspecto despertaba miradas suspicaces en los transeúntes. También comprobó, muy a su pesar, que al intentar
aprovisionarse de algún alimento en las tiendas y en los
mercadillos, ya no estaba protegido por la impunidad de

que había venido disfrutando. Por fin, desorientado por la seguridad con que su cuerpo formaba parte insoslayable de la realidad de los demás, reconociendo en ello un firme obstáculo, buscó el puente y el gran monumento oscuro y corroído ante el que se había separado de Rosa, pero no pudo saber si ella estaba allí.

Se había apoyado en el pretil y su figura debía de ser tan patética, que una mujer menuda, que llevaba un gran capacho, se detuvo y se quedó mirando hacia él, antes de sacar del capacho una barra de pan que partió con las manos.

—Dinero no puedo darte, hijo, pero por lo menos come algo —dijo mientras le entregaba un gran pedazo de pan.

La mujer se alejó antes de que Adrián hubiese comprendido sus palabras y su gesto, pero empezó a comer aquel pan con ansia, reconociendo de repente lo intenso de su hambre. Y tras acabar el pan, comprendió que tenía que volver en sí y analizar las nuevas circunstancias de su vida.

Eran las últimas horas del domingo, y había en la ciudad esa postración un poco derrotada con que se agotan las horas de holganza. Adrián preguntó a otros transeúntes por la central telefónica, y pidió allí una conferencia que pagaría su interlocutor. Había sospecha en los ojos de la operadora, pero él forzó el aire más cortés y la voz más educada que pudo modular.

—Mire usted, he tenido un accidente y necesito hablar con mi padre. Dígale que es Adrián, y que es urgentísimo.

Pudo comunicarse al fin muy tarde, cuando ya creía que no lo iba a conseguir. Fue Paquita quien habló primero con él.

—¡Adrián! ¿Cómo estás?

—Ya no soy un fantasma, pero necesito dinero. No tengo ni para un bocadillo. Y estoy indocumentado.

Ningún hotel quiso darle albergue, y al fin durmió en un jardincillo, cerca del monumento que le había devuelto la visibilidad. Al día siguiente, en uno de los bancos de la ciudad, siguiendo las instrucciones que su padre había procurado transmitir, le entregaron el dinero que pidió, sin que la docilidad del empleado ocultase su extrañeza ante el aspecto de aquel hombre, que sin embargo había conseguido que se omitiesen tantas formalidades para ser atendido.

Compró ropa, se afeitó, y luego fue a un hotel de los que en la víspera lo habían rechazado, para tomar una habitación y asearse, y por fin regresó al puente de su cita con Rosa y permaneció allí todo el día, pero nada le hizo suponer que Rosa estuviese cerca. Hizo lo mismo al día siguiente, desde las primeras horas de la mañana, cuando en el río se iba aglutinando una niebla espesa, y vio levantarse luego la niebla y transcurrir una jornada de sol, pero a la llegada de la noche tampoco había sabido nada de la muchacha invisible.

La noche del martes, tras su larga espera, dio grandes voces llamándola, sin encontrar otra respuesta que un ligero eco en las murallas. Entonces tomó la resolución de regresar a la ciudad en que vivía la comunidad de invisibles, por si acaso Rosa, tras una espera que también había tenido que desconcertarla, hubiese vuelto con ellos. Marchó a aquella ciudad y recuperó su coche.

En el chalet de Eloína y Alfonso, la puerta de entrada estaba abierta y un par de jardineros trabajaban entre los parterres.

—Si viene por lo del alquiler tendrá que llamar al administrador —le informó uno de ellos.

Pero el administrador no pudo darle otra información diferente de las condiciones para ocupar la casa, pues no sabía nada de los dueños, con los que se comunicaba telefónicamente cuando ellos querían.

—Parece que son extranjeros, que viven lejos —añadió.

También el feudo estaba vacío, tras la verja abierta del túnel, y la casa y los pocos muebles desordenados, con los cacharros tirados por el suelo. El teléfono aún funcionaba, pero la lista de los invisibles había desaparecido. Adrián bajó hasta la cala, en que persistía una quietud ajena a las mudanzas de los seres humanos, y sintió en el corazón una intensa punzada.

—¡Rosa! ¡Rosa! —gritó, pero sólo le respondió el graznido de una gaviota.

Todavía anduvo por aquella ciudad un par de días más, recorriendo al azar las calles en largas caminatas, esperando sentir en cualquier momento la mano de Rosa en su hombro y su voz junto al oído, pero el hecho no se produjo.

En la ciudad había mucha menos gente, y casi todos los jóvenes habían desaparecido. Solamente personas mayores, decrépitas bastantes de ellas, recorrían las calles lentamente, o permanecían sobre la arena de las playas, entregadas a lentas y esforzadas tablas de gimnasia, o se sentaban en las terrazas de los bares, absortas frente a sus refrescos a medio beber.

El sábado, día 3 de octubre, Adrián llamó por teléfono a su padre para pedirle hospitalidad, y aquella misma noche había regresado a la ciudad de su costumbre y se acostaba pronto, para tardar bastante en alcanzar un sueño lleno de sombras y mensajes sonoros que no podía desentrañar.

Su padre no había mostrado extrañeza cuando se encontraron. Dijo que el abuelo seguía igual, y que su madre se había ido al Caribe con unas amigas.

—Les ha debido pillar el famoso tifón, pero no hay noticias de que les haya pasado nada malo. Me imagino cómo estará, según es ella.

—¿Y Paquita?

Su padre manifestó cierta sorpresa.

—¿Dónde va a estar? En su casa. Sólo nos vemos los fines de semana. Hijo, el éxito de eso que ahora se llama una relación de pareja es que se parezca al matrimonio lo menos posible.

II

NI NOVELA NI NIVOLA

In the previous pages he's tried to respect the bandom's between life + literature and when he has used meta-literature it's been to get his characters involved in it, not himself. When he was young he wrote that that this was "saved life from literature + literature from life." However, that was before, when he didn't understand either of them (lit or life) very well, and before he realised up until what point they can become entangled / interwoven — to the fortune or misfortune of the person who is experimenting with it.

Despite appearances, this part of the book is NOT literature within literature, it's how it is because this is how real life experiences dictated that it had to be.

Los hechos que dieron origen a lo que al fin haría que me pusiese a escribir la parte de este libro que acaban ustedes de leer —*La historia que contó Adrián*—, y a completar lo que en ella aparece con lo que viene a continuación bajo el título *Ni novela ni nivola*, comenzaron aquellos primeros días de octubre.

A la hora de escribir, he ido procurando respetar la frontera que separa el país de la vida y el país de la literatura. Claro que, en algunas novelas y cuentos, he hecho incursiones en eso que los especialistas llaman *metaliteratura*, con neologismo que los señores académicos deberían incluir dentro del repertorio canónico de las palabras españolas, como lo hicieron en su día, no hace demasiado, con el término *metalenguaje*. Pero cuando he jugado a la literatura dentro de la literatura, ha sido para enredar en ello a los personajes de mis invenciones, y yo he pretendido mantenerme escrupulosamente al margen. *Para salvar la vida de la literatura y la literatura de la vida*, escribí hace muchos años en un poema, cuando era muy joven y aún no sabía muy bien en qué consistía la práctica de ninguna de las dos, y hasta qué punto pueden llegar a imbricarse, para ventura o desgracia de quien lo experimente.

Mas este preámbulo no va encaminado a ser fundamento de ninguna justificación, ni intenta salvar la excepción que al final suele interponerse para romper una costumbre, sino a asegurar, de entrada, que tampoco en el caso de este libro trato de que mi propia vida forme parte de la materia que escribo como una especie de primera caja china. Pese a las apariencias, mi intervención en él no tiene nada que ver con un prurito de *hacer literatura dentro de la literatura*, pues, como ustedes conocerán enseguida, viene obligada por el imperio de las circunstancias.

Aquel lunes, a eso de las once, cuando ya llevaba un par de horas redactando el comentario a una novela para una revista, recibí una llamada telefónica bastante curiosa. La voz era masculina, parecía juvenil, y quien la emitía se expresaba con titubeos que denotaban cierto nerviosismo.

Supuse al principio, cuando preguntó si era el mío aquel teléfono al que llamaba, que sería alguno de esos profesores que, de vez en cuando, me invitan a visitar su centro docente para dar una charla literaria al alumnado, pero enseguida pude comprobar que se trataba de un asunto distinto, ya que aquel individuo, tras contarme que me conocía desde una lejana ocasión, varios años antes, en que siendo él precisamente estudiante de bachiller yo había estado en su instituto, me dijo que necesitaba verse conmigo para exponerme un proyecto literario que podía ser de mi interés.

Tengo tiempo de sobra, y puedo contestar a las ocasionales cartas que algún lector perdido me escribe, y hasta atender las raras llamadas telefónicas que recibo de la misma naturaleza, pero nunca he mantenido con mis lectores contactos personales que puedan ir más allá de eso, o que tengan lugar fuera del ámbito de un acto público.

Como ese tipo de sedicentes lectores suele coincidir con ciertos autores atribulados que buscan apoyo, siquiera moral, en quien publica libros con regularidad, pensé que aquel interlocutor telefónico pretendía encontrarse conmigo para pedirme que leyese algún manuscrito novelesco de su invención en que tenía puestas esperanzas de publicación, e incluso de fama y lucro. De manera que le respondí, sin mentir del todo, que en los días venideros iba a estar muy ocupado, porque tenía que terminar unos asuntos pendientes antes de emprender un viaje, y que, en cualquier caso, no era yo la persona indicada para lo que él parecía pretender, pues el natural destinatario del proyecto literario al que aludía debería ser, sin duda, alguna empresa editorial.

«Perdone, no me he explicado bien», arguyó mi comunicante, «no se trata de que yo haya escrito un libro o vaya a escribirlo, sino de que sea usted quien lo escriba».

Entonces pensé que había equivocado su edad y entendido mal la referencia de mi visita a su instituto, y que no debía de tratarse de un joven, sino de un adolescente.

Le tuteé: «Has vivido, o conoces, algo digno de convertirse en una novela», repuse. «Sí señor», contestó, y en su voz había mucho alivio al sentirse tan rápidamente comprendido.

Se había identificado al comenzar la conversación, pero yo no me había quedado con su nombre.

«¿Cómo me dijiste que te llamas?», le pregunté.

«Adrián.»

«Mira, Adrián, no quiero desanimarte, pero no siempre los sucesos raros, extraordinarios y sorprendentes de la vida son reducibles a novela.»

No quise añadir que la literatura parece exigir un equilibrio que la vida no tiene, y que nunca me han parecido novelescas, por su pura descripción, esas peripecias personales

[handwritten top margin: What's allowed in fiction vs what's allowed in real life.]

[handwritten left margin: Some think in real life couldn't be fiction costume a seem too melodramatic]

que asombran a algunas gentes y les hacen exclamar ¡quién supiera escribir!, como en el verso del poeta de Navia.

Ciertas casualidades y reiteraciones de la vida real, metidas en una novela, parecerían fruto de una imaginación de pocos vuelos. Desde el punto de vista del extremo patetismo, conozco tragedias familiares tan abrumadoras que su relato novelesco sería rechazado en nombre de la excesiva acumulación melodramática. En el puro decurso de lo cotidiano, nuestros comportamientos pueden alcanzar abismos de mezquindad, cimas de abnegación y mesetas de estupidez que es ahí, en el terreno de la realidad y no en el de la ficción literaria, donde despliegan todos sus matices y cumplen su verdadero destino.

«Además, aunque me contases la historia más admirable del mundo, acaso yo no fuese capaz de hacer nada interesante con ella. Mis historias, buenas o malas, me las tengo que imaginar yo mismo, tienen que corresponder a mis propias manías y obsesiones. No se trata de que la historia sea muy buena, sino de que pueda estimular la imaginación de quien la escribe en la dirección de sus inclinaciones. Por lo menos, así es en mi caso. Lo mejor que puedes hacer es buscar otra persona más adecuada.»

«Pero yo lo conozco a usted, y cuando era un muchacho, hace diez años, me dio la impresión de ser una persona con la que se podía hablar.»

«Lo siento», repliqué yo con frialdad, dispuesto a no dejarme halagar, por lo menos de una manera tan burda.

«¿Sabe cuánta gente figura con su mismo apellido en la guía telefónica de esta ciudad?»

«Pues la verdad es que no lo sé, ni me lo imagino», repuse, perplejo.

«Mil quinientas ochenta y siete personas», afirmó, tajante.

Luego iría yo a comprobarlo y descubriría que acaso sea cierto, aunque también es cierto que, con las iniciales de mi nombre, no habrá más de veinte. Pero entonces aquella declaración, que dejaba adivinar lo prolijo y azaroso de una incansable búsqueda, me hizo vulnerable, cuando además yo podía constatar que no se trataba de un muchacho, como había llegado a juzgar, sino de un hombre hecho y derecho.

«Yo no conozco en persona a ningún otro escritor más que a usted, y el asunto es muy urgente, de vida o muerte, sin exagerar. Porque no consiste sólo en que escriba usted un libro, sino en que ese libro contenga un mensaje.»

La propuesta era por lo menos rara, aunque lo del mensaje me sonaba a ciertos latiguillos remotos.

«¿Un mensaje?», pregunté. «¿Qué clase de mensaje?»

«Un mensaje capaz de salvar la vida a unos cuantos desdichados.»

La cosa era tan sorprendente, que yo no sabía qué responder.

«Tengo que verle enseguida y contarle mi historia», añadió.

«¿No me puedes adelantar algo?», dije, por aplacar un poco tanta insistencia.

Guardó silencio unos instantes y luego habló con decisión.

«Sí, se lo voy a decir, le voy a adelantar algo, para que sepa de qué se trata. Durante tres meses he sido invisible, ópticamente invisible, nada para los demás, ni una sombra. Sólo le pido que me escuche un ratito, y que tome luego la decisión que quiera.»

Comprendí en aquel momento que mi interlocutor era víctima de alguna clase de demencia, y en la sinceridad y viveza de su voz me pareció encontrar un signo más de delirio. Volví a tratarle de usted.

«Ya le he dicho que tengo la semana muy ocupada, y toda esta temporada», repetí, y le propuse que hablase con algún editor de temas sobrenaturales o esotéricos, para que le aconsejase, pero no me escuchaba.

«Desde finales de junio he vivido invisible. Yo he podido recuperar casualmente mi forma, pero hay otros invisibles, y gente que los persigue para cazarlos, para matarlos. Tiene usted que ayudarme.»

Titubeé, pero no porque dudase de su estado o del sentido de mi respuesta, sino porque no encontraba la manera de dar fin a aquella charla en que, a pesar de su exaltación, él mostraba un discurso lógico y una expresión bastante coherente, con voz de persona bien educada. Entonces se agarró a mi titubeo, comprendiendo que la conversación no daba más de sí.

«Le prometo que sólo lo molestaré un ratito. No estoy loco, aunque sería lo más natural que usted pensase eso. Yo estoy deseando olvidarlo, pero no puedo, y quiero intentar ayudar a los que siguen invisibles. Un ratito. Lo llamaré pasado mañana otra vez. Piénselo, por favor.»

La mañana era húmeda, una brisa suave hacía moverse las hojas de los chopos en el pequeño parque que puedo ver desde mi mesa de trabajo, y los bordes de los toldos recogidos ondulaban sobre las terrazas. Se había puesto a llover y al fondo, las torres de Kio, un poco difuminadas por el agua, entonaban su gris con el del cielo. La calle estaba vacía y aquella soledad se reflejaba dentro de mí formando una concavidad oscura, un espacio inmóvil y sin sombras ni transeúntes donde parecía llover también con aquella misma parsimoniosa seguridad, y que se ajustaba bien a la rareza de la conversación telefónica que yo acababa de mantener.

A eso de las once salí a echar unas cartas y a comprar el periódico, encontré a la gente en el bullicio callejero habitual, y ya no recordé más el incidente hasta el miércoles, a última hora.

Compruebo en mi agenda que la tarde de aquel miércoles yo había ido a la Residencia de Estudiantes para escuchar la conferencia de uno de los investigadores de Atapuerca sobre la extinción de los neandertales.

Durante muchos años, como para ese Alfonso de la historia de Adrián, los neandertales han sido para mí unos ancestros peludos y simpáticos, y creo que el saber que su especie y la nuestra no tienen ninguna relación ha sido otra de esas pequeñas perplejidades que van haciendo cada día más insegura la relación de uno con el mundo que lo rodea.

El paleontólogo había relatado el proceso de dispersión y extinción de los neandertales con brillantez y humor y, al final, unos cuantos sedicentes científicos, que antes de intervenir confesaban que su especialidad era distinta de la del conferenciante, lo acosaron con esa punta de agresividad que suele despertar entre nosotros la claridad de ideas y la gracia expositiva, si no proceden de algún incontestable santón. Hasta uno preguntó, con cierta ferocidad inquisitiva que parecía recubrir una actitud ética, si acaso la desaparición de los neandertales no habría sido resultado de un terrible y descomunal genocidio.

Aunque me molestaba un pie, acaso como resultado de una de esas pequeñas distensiones cuya causa no llegamos a advertir, volví caminando a mi casa, a contracorriente de la dirección única que durante tantas calles complica un poco el regreso motorizado.

Pensaba en los neandertales, lejanos primos extintos, que han dejado dispersos por Europa los restos de su pasado. Pensaba en la mano que talló el gran hendedor de cuarcita que me sirve de pisapapeles, regalo de mi hija mayor y de mi yerno, buscadores infatigables de esos misteriosos instrumentos que, aunque los llamemos herramientas, parecen productos naturales de algún extraño creador también geológico.

Tomo el hendedor en las manos, imagino las manos que fueron tallando toscamente sus filos y su punta con ayuda de los golpes sucesivos de otras piedras, y me parece sentir la cercanía de aquel ser, aún más antiguo que esos otros primos perdidos de la especie. Un ser invisible, del que sólo queda este objeto que un día concibió en su mente y realizó con una piedra de río, para empezar a alterar con violencia, desde la voluntad y la imaginación, las leyes de la naturaleza.

El hendedor, además de ser una herramienta, es también el resultado de un sueño, y en la disposición mental que enlazó el momento de su concepción con el de su elaboración, no hubo seguramente diferencia con la que, muchos milenios más tarde, fue tallando las piedras que sirven de materia para el cuerpo esplendoroso de las catedrales góticas o, salvando las distancias, con la que puedo tener yo mientras elaboro este libro, a partir de la materia de la confidencia de Adrián. Sueños y sueños.

Perdonen ustedes que me haya salido tanto del camino principal de aquella noche, que me devuelve a mi casa. Cuando llego, mi mujer me dice que me ha llamado un tal Adrián. A mí me sorprende el nombre, que no es capaz de despertar en mí ninguna referencia.

«Dijo que era el invisible, y que te volvería a llamar», añade ella, y en sus ojos hay una extrañeza un poco regocijada. «¿El invisible?», pregunta, y yo le contesto que se trata de un chiflado que quiere contarme su vida para que escriba una novela.

Entonces afloró en mí algo que sin duda estaba rondándome subrepticiamente desde nuestra primera charla. La imaginación de un mundo invisible, no sobrenatural, ojo, invisible, acaso resto de los que van desapareciendo con el tiempo, o complemento indescifrable del nuestro, siempre ha incitado en mí ese sentimiento de irrealidad al que soy tan aficionado. En algún cuento que he escrito la gente se vuelve invisible. En una vieja práctica personal, la de levantarme en medio de la noche para beber agua, recorro la casa a la luz de una linterna, rindiendo cierto homenaje a esa imaginación. Antes de entrar en la cocina lanzo la luz del foco al interior de la sala y me parece atisbar un movimiento sutil y veloz, el esbozo de un gesto de algo que se aparta y que no puedo ver. A partir de esa costumbre mía, mi hija menor escribió una oda un poco burlona en que me denominaba tren nocturno. Para cierto bestiario fantástico en que una vez participé, inventé un animal doméstico de naturaleza invisible, que hace coincidir sus olores y sus cantos con los propios de la vida doméstica, y que apenas deja asomar en algunos momentos un breve reflejo de su presencia en los espejos.

Me di cuenta entonces de que, con todos los riesgos de iniciar una relación personal con un tipo extraño, y posiblemente víctima de alucinaciones paranoicas, y de aceptar como plausible una entrevista con asunto tan peregrino, yo estaba interesado en las cosas que aquel hombre intentaba contarme. Sólo ese rechazo intuitivo que surge en mí, y me imagino que en muchos de ustedes, al sospechar la locura, me había hecho mostrarme tan renuente en nuestra primera conversación.

Mi mujer y yo nos dispusimos a ver una película en la televisión, uno de esos filmes que llaman clásicos contemporáneos del cine español, que no conocíamos, pero yo, en el fondo, estaba esperando que el teléfono sonase otra vez.

Llamó a eso de las once, justo en el momento en que una de las niñas protagonistas de la película fija su intensa mirada en una hoguera, no sé si la hoguera de San Juan, sobre la que saltan algunas compañeras.

«¿No le molesto?», preguntó, y su voz mostraba la timidez del primer día.

Yo zanjé el asunto con rapidez, porque quería seguir viendo la película.

«Le puedo ver mañana, a las siete de la tarde», repuse. «Pero no podré estar con usted más de una hora, porque después tengo un compromiso. Y ha de quedar claro que usted no volverá a llamarme si no estoy interesado en lo que me quiera contar.»

«Ya le dije que necesitaba poco tiempo. Una hora es más que suficiente para resumirle mi historia. Y le vuelvo a decir que no soy un loco», contestó.

«Una hora», repetí yo. «Y, como se dice en el mundo comercial, sin compromiso alguno por mi parte. Si lo que usted me cuenta no me interesa, no habrá más de qué hablar.»

«No tendrá usted ningún problema conmigo, se lo prometo. Si no le convence lo que le voy a contar, no volveré a molestarlo. ¿Dónde quiere usted que nos veamos?»

Mis hábitos domésticos me han hecho muy perezoso, lo que posiblemente no sea lo más conveniente para estar en forma, pero le dije que viniese a mi casa, antes de colgar y pensar si no habría tomado una decisión absurda.

Pero he de decirles a ustedes toda la verdad. En mi decisión había concurrido el estímulo de esa historia de invisibles que mi interlocutor me prometía contar, acaso curiosa, con mi propia situación de cara a la escritura en esos mismos momentos. Por aquellos días se distribuía en las librerías una antología de cuentos literarios españoles preparada por mí, a principios del siguiente mes aparecería un libro mío basado en ciertas rememoraciones personales, y ya había empezado a hablar con los editores de la portada de un libro de relatos de mi cosecha que debería aparecer más adelante. Pero esa abundancia de publicaciones más o menos inminentes no conseguía hacerme olvidar que llevaba nueve meses, el tiempo de la gestación de un ser humano, sin escribir una sola línea, dándole vueltas a una trama y a unos personajes, sin saber muy bien por dónde tirar y con una sensación creciente de desasosiego, de la que sólo me libraba la puntual obligación de redactar ciertos artículos de tipo literario para algunas publicaciones, como esa revista a la que antes he aludido.

Escuchar el relato de aquel joven podía aportarme algo, no porque la historia fuese valiosa en sí misma, sino por lo que pudiera suscitar en mí la propia rareza del narrador. Como debe de pasarles a muchos otros, para la escritura de ficciones he encontrado bastantes veces sugerencias en los hechos menos significativos que puedan ustedes imaginarse, e incluso en simples palabras que me han parecido reveladoras de un mundo vasto y misterioso.

¡Un hombre que afirmaba haber sido invisible durante una temporada! Reconocerán ustedes que mi curiosidad estaba justificada, incluso en el caso probable de que el testimonio de aquel individuo resultase puro disparate. El problema podía surgir si se planteaba algún engorro a la hora de quitármelo de encima. Aunque pensaba que mis terminantes advertencias, ante las que él había sido tan receptivo, serían el mejor asidero para la interrupción tajante de aquel contacto, cuando fuese necesario.

L legó puntual.
«Adrián, supongo», dije yo, parafraseando adrede el tópico de un encuentro famoso, pero él, en el mismo recibidor, me respondió que no se llamaba realmente Adrián, y que aquel falso nombre era una de las cautelas que se sentía obligado a adoptar.

Pensé entonces que mis premoniciones negativas de aquel encuentro parecían confirmarse desde el principio. Sin embargo, no tenía aspecto de loco. Era un joven pulcro, de ademanes reposados, y luego descubrí en él cierta circunspección que hacía más extraño el relato de la fantástica situación que decía haber vivido.

El tiempo se había hecho más frío y él traía en sus ropas, ligeras, un hálito del fresco de la calle. La mañana de aquel día había sido rara, de viento resonante. También se había oído cómo pasaban varias veces, con súbitos y crecientes bramidos, los aviones que ensayaban el próximo desfile patriótico.

«No voy a darle ningún dato auténtico de lugares o personas, pero no por falta de confianza, sino para no complicarle en esta historia que le voy a contar. Ya le dije que acudo a usted para que, si quiere, la convierta en libro e incluya en él un mensaje que yo le proporcionaré.»

«¿Un mensaje? ¿Qué mensaje?», pregunté.

«Un mensaje que he de preparar, cifrado, nada fácil de componer, que puede ser decisivo para salvar a los destinatarios directos del libro.»

Acabábamos de sentarnos. Mantenía el cuerpo muy envarado y no había mirado a su alrededor, como si necesitase no perder de vista mi rostro.

«¿Un libro destinado a unos lectores concretos?», continué preguntando, preparado para interponer ya una objeción fundamental.

«Sí señor, un grupo de gente amenazada de muerte y que está sufriendo una terrible situación personal.»

«Pero me imagino que el libro podrá ser leído por un conjunto más amplio que esas personas a las que usted alude, ¿o es que no puede interesar a más gente?»

«Naturalmente, el libro deberá tener un destinatario amplio, y leerse como cualquier otra novela. Pero en él debe existir un propósito oculto.»

Tanto misterio no dejaba de divertirme.

«Me tranquiliza saber que podrá ser accesible para la mayoría de los lectores, aunque no estaría de más que usted me aclarase un poco a mí ese propósito oculto.»

«Ya hablaremos de eso. Pero como sabrá usted enseguida, a la mayoría de los lectores no le van a preocupar las referencias exactas y concretas de lugares y personas. En cuanto a usted, al no conocer ninguno de los detalles reales, no es posible que el asunto le traiga complicaciones.»

«¿Qué complicaciones me podría traer?»

Él hizo oscilar los hombros, quedó un instante en silencio y luego mostró las palmas con gesto disuasorio, antes de continuar hablando.

«Cuando terminemos nuestra tarea, si a usted le interesa y escribe el libro, yo desapareceré para siempre de su vida. Mejor dicho, desapareceré de su vida en cualquier caso, escriba el libro o no. Se lo prometo.»

Entonces comprendí, por el tono dramático de sus expresiones y de su actitud, que aunque ya no fuese un muchacho era todavía muy joven. Él mismo me diría luego su edad. Desde la altura de la mía veo ahora que, si la adolescencia es un tiempo fronterizo entre la infancia y la juventud, esa otra que frisa los veinticinco tiene también un carácter de límite, en que se conservan muchas ingenuidades y embelecos de la adolescencia.

Lo miré con simpatía, pues sentía lástima de aquel joven, que había sido presa de una alucinación tan diferente de las que componen habitualmente, cuando empieza la edad adulta, ciertos afectos y miradas del mundo.

«Tenemos una hora, como le dije. De manera que ya puede empezar a contarme su historia.»

Lo cierto es que lo hizo de manera concisa. Hablaba con claridad, sin poner demasiado énfasis en los aspectos más extraños del relato, aunque aclarando bien todos los puntos que le parecían más importantes.

Su exposición evocó la noche del cumpleaños del abuelo, aquella velada en que se cernía sobre ellos el augurio de una última despedida, el odioso comportamiento de los mayores, su abandono de la reunión, el hallazgo del extraño objeto, sus primeros contactos con la realidad desde su pretendida condición de invisible, el encuentro con aquella muchacha llamada Rosa, la triste aventura del centro comercial, el viaje a la costa, el descubrimiento de la comunidad de invisibles, y así sucesivamente, hasta su

221

recuperación de la visibilidad y sus intentos de reencontrarse sin éxito con los anteriores compañeros de infortunio. Y les aseguro a ustedes que, salvo en el origen mágico o fabuloso de la aventura, y en algunas derivaciones fantásticas, todo lo que el joven me contó estaba trabado con sentido lógico y no dejaba de ser convincente.

«Ése es el resumen de lo que me ha pasado» dijo, cuando apenas habían transcurrido los tres cuartos de hora.

Yo me sentí más tranquilo, porque me pareció que, dentro de su delirio, la cabeza del sedicente Adrián no estaba desordenada del todo.

«¿Y qué crees que tendría que hacer yo con todo eso?»

«Escribir un libro, una novela, como le dije, una novela que pudiese interesar a los lectores normales de cualquier obra similar de ficción, pero que contuviese un mensaje para que los invisibles conozcan cómo llegar al lugar en que pueden dejar de serlo, ese lugar donde yo recuperé mi forma natural.»

Aquello me pareció tan alambicado que no pude dejar de sonreír.

«Adrián, o como te llames, es más fácil que pongas un anuncio en la prensa local, en la ciudad donde, según parece, se concentran esos invisibles que dices.»

Mi respuesta no pareció afectarle.

«Las cosas no son tan fáciles. El Cazador existe, y si accede de una manera tan sencilla a la noticia del lugar en que es posible recuperar la visibilidad, lo convertirá en el cazadero más seguro que pueda encontrar. Debo transmitir la información a través de un mensaje cifrado, y he pensado mucho en cómo conseguir que los invisibles sepan que el mensaje les afecta. Ellos apenas leen la prensa. En el tiempo en que yo mismo fui invisible, nunca leí los periódicos, ni oí la radio, ni vi la televisión. Pero un libro es otra cosa. Ellos leen libros, novelas. Usted escribe una novela que cuenta mi historia y al final incluye el mensaje en clave que yo le facilitaré. Si el título es adecuado, ahí mismo puede estar el reclamo. Y los que no sean invisibles conocerán una historia curiosa, extraña, que no deja de ser novelesca.»

La verdad es que lo tenía todo bien urdido.

«Pero ese cazador del que me has hablado puede descifrar el mensaje igual que los invisibles», repliqué.

«También he pensado en eso», contestó, con aire de triunfo. «Mas, en mi información, utilizaré como elemento de medida algo que el Cazador no puede conocer en ningún caso, cantidades que se correspondan con fracciones del número total de pétalos de la famosa flor. La mitad, la cuarta parte menos tres, la tercera parte más dos, y medidas semejantes, me servirán para señalar la latitud y longitud del lugar, y hasta la orientación y los pasos que corresponden hasta llegar al punto exacto del monumento.»

Su locura era admirable por la derivación imaginativa que había alcanzado. Como escribió Bécquer, la imaginación, una vez aguijoneada, es un caballo que se desboca y al que no sirve tirarle de la rienda. En el caso de Adrián, la imaginación desbocada llevaba sobre sus lomos un jinete delirante.

Thinks Adrián's mad

«Entonces ¿para qué necesitas la clave? ¡Si sólo vosotros conocéis el número de pétalos, ya está en ello la clave!»

Se me quedó mirando con aire crítico.

«Perdóneme, pero me parece mentira que sea precisamente usted quien me diga eso. Aunque sólo fuese por lo novelesco ¿no le parece que un mensaje en clave, con signos misteriosos, añade interés a la historia, y resulta muy apropiado para una ficción?»

Fiction has rules

«Depende del tipo de ficción», repuse yo.

No me escuchaba y siguió hablando, y por primera vez en la entrevista manifestó algo de exaltación.

«¡Tal mensaje cifrado debe ser el remate de todo, donde ha de culminar el interés y el sentido de la historia! ¡Sin ese mensaje, y lo que lo motiva, la novela no valdría para nada! ¡El mensaje cifrado es tan importante como toda mi aventura de invisible!»

«¿Así que el libro, si acaba existiendo, solamente vendrá a ser una especie de envase, una botella para meter un mensaje en su interior?»

Comprendió la intención de mi pregunta.

«No hay que verlo así», protestó, «porque en este caso, y usando el símil, si la botella no es atractiva, el mensaje no llegará tampoco a ninguna parte. La dificultad del mensaje ha de estar a la altura del interés de la novela».

De modo que, según sus palabras, el dichoso mensaje era lo sustantivo en aquel proyecto. Iba a decirle que todo eso del mensaje cifrado podría aceptarse en un relato de aventuras, o detectivesco, literatura de género, un mundo particular de la escritura y de la edición, pero miró el reloj y dijo que había pasado ya la hora y que no quería molestarme más. Yo estuve a punto de tranquilizarle, ya que en realidad no tenía tanta prisa, y podíamos seguir charlando todavía un rato, pero no dije nada, pues tampoco quería que quedaran desautorizadas de manera tan flagrante las condiciones que yo mismo había impuesto para nuestro encuentro. Me levanté.

«¿Lo hará? ¿Escribirá ese libro?» me preguntó, y mostraba bastante ansiedad.

«¿Pero quién sería el autor?», pregunté yo a mi vez, medio en broma, medio en serio.

Adoptó un ademán grave, casi solemne.

«El libro sería del todo suyo. Yo quiero olvidar cuanto antes este asunto. Si no hubiese perdido a Rosa, quizá ya me habría desentendido de él. Pero estoy seguro de que ella haría esto mismo que yo estoy haciendo, imaginaría la forma más cautelosa y eficaz posible de hacer llegar a los invisibles la información para que puedan liberarse de su desgraciada condición. Y quién sabe si también a ella puede ayudarle.»

«¿Y por qué no escribes el libro tú mismo?», pregunté. «Yo no sé escribir novelas. Yo me dedico a otro tipo de cosas. Yo no sé cómo se escribe una novela, ni conozco las editoriales. Creo que esto sólo puede ser viable, e incluso resultar bien, si lo hace alguien con práctica de escribir ficciones y que publique libros con regularidad. Si yo lo escribiese, seguramente ni siquiera llegaría a verlo publicado.»

«Tengo que pensarlo, Adrián», repliqué, para no concluir nuestro encuentro con demasiada brusquedad. «Además, yo no puedo imaginarme en la situación de invisible. Necesitaría más datos de lo que sucedió, y de cómo sucedió. Tendrías que explicármelo todo muy bien.»

«¿De verdad que lo pensará?»

Le aseguré que sí, que reflexionaría seriamente sobre ello, pero no se conformaba.

«Mire, tiene que perdonar mi insistencia, pero para mí esto corre mucha prisa, yo tengo que saber pronto qué decisión va a tomar.»

Se aproximaba la fiesta que alargaría el fin de semana, y yo tenía el propósito de irme al campo. Me divertía también su impaciencia, que parecía confirmar lo que todavía quedaba en él de desasosiego adolescente. Le dije que me telefoneara la mañana después de la fiesta, y que entonces le daría la respuesta definitiva.

Aquella vez no me olvidé de nuestra conversación. Una novela que relatase la aventura de alguien que se vuelve de pronto invisible, desde el momento de su transformación a aquel en que recupera la visibilidad, podría ser un libro un poco caprichoso, adscribible al género fantástico, pero si el libro era resultado de un testimonio auténtico, de una confidencia real, la de un ser de carne y hueso como ese joven, el texto debería alcanzar otra dimensión, entrar en el territorio de esa verdad alucinatoria que también forma parte de nuestro mundo no ficticio, por muy delirantes que fuesen las peripecias imaginadas por el pretendido invisible.

Y la condición literaria, por muy extraña que pudiese ser, debería cumplirse aún más si el propio receptor y transcriptor de las confidencias, es decir, yo mismo, aparecía en él como lo estoy haciendo ahora, para relatar cómo tales confidencias se fueron produciendo, hasta el momento en que se incluyese también el famoso mensaje cifrado, el manuscrito en la botella que tanto excitaba mi imaginación en las lecturas de mi edad juvenil, al hablarme de la impredecibilidad de los mensajes importantes, tantas veces entregados por desesperación al puro azar.

Creo que fue entonces cuando imaginé el título, *Los invisibles,* y una posible estructura que podría comprender la historia de Adrián, en primer lugar, mi intervención después, explicando el proceso de elaboración de la primera parte, y al final el mensaje cifrado.

El asunto me iba pareciendo plausible, y el viernes le conté a mi mujer el esquema general de lo que podría ser la obra, relatándole primero el resumen que Adrián me había hecho, hablando luego de la parte que narraría mi propia intervención en el asunto, y concluyendo con la alusión a aquel mensaje cifrado que, con destino a sus antiguos compañeros de fatigas, había prometido entregarme mi interlocutor.

«¿Qué te parece?», pregunté.

«No lo sé», repuso mi mujer, «tendrías que escribirlo. Yo creo que no se puede saber lo que sería ese libro hasta que no se terminase de leer».

«¿Sabes lo que más me divierte del asunto?», le dije yo, «que nos pasamos la vida deseando tener dones sobrehumanos, capacidades mágicas, y cuando las alcanzamos nos metemos a vivir en un hipermercado y lo más lejos que llegamos viajando es a Benidorm».

«Es ese pobre chico, que debe de estar fatal» respondió ella.

«Yo pienso que, en su delirio, el chico expresa muy bien lo que haríamos cualquiera de nosotros, si nos sucediese una cosa así de extraordinaria. Los seres humanos, por lo menos los occidentales, hemos perdido la capacidad para imaginar el misterio.»

Puse por escrito, muy resumido, lo que le había contado a mi mujer, pero aquel pequeño texto no estimuló mis ganas de escribir, ni mi seguridad en el proyecto.

Hay ocasiones en que el esquema de una trama va anunciando un seguro crecimiento, el desarrollo armónico de sus elementos y la composición de un mundo seguro. En este caso, el esquema no me servía de nada, pues el proyecto sólo se podría cumplir si aquella historia que parecía pertenecer a un relato fantástico conseguía inscribirse con naturalidad en escenarios de la realidad cotidiana y, además, comunicar una extrañeza capaz de interesar al lector.

Pensé, como pienso todavía, que me encontraba ante un problema que podría encontrar sus similitudes más en la física que en la literatura. Como ustedes saben, las moléculas son inestables, su comportamiento no se puede prever. Parece ser que solamente organizándose en estructuras complejas pierden las moléculas su inestabilidad, su carácter errático, para acabar formando un gigantesco obelisco o el cuerpo de un ser vivo. Y todavía ahora, cuando conozco todo lo que ha sucedido, cuando ya he transcrito y hasta reescrito, y corregido más de una vez, la primera parte, esa historia que me contó Adrián, y creo que sé casi todo lo que voy a escribir en esta segunda parte, al menos en sus líneas generales, y hasta asumo que el libro debe terminar con un mensaje cifrado que yo no habré preparado, sigo teniendo la inseguridad que sentía frente a aquel pequeño esquema, y pienso, como pensaba mi mujer, que sólo cuando haya puesto punto final a la última línea y pueda abarcarlo en su totalidad, podré conocer si los elementos inestables y fugitivos de que se compone habrán conseguido ordenarse en una estructura lo suficientemente sólida como para tener apariencia de novela.

El hecho de que fuese precisa mi intervención directa en la propia peripecia del libro, para aclarar su significado y su verdadero destino, me hizo pensar que tenía algo de *nivolesco*. Enseguida comprendí que no. Cuando Augusto Pérez, en el capítulo XVII de *Niebla,* se separa de su amigo Víctor y se pregunta si su vida es novela, es *nivola* o qué es, los lectores sabemos bien que se trata de un personaje de ficción, un personaje imaginado por quien como autor de aquel relato se presenta y que de tal blasona, y que en un momento preciso propicia su encuentro con la criatura inventada por él para imponerle una muerte que no es la que el personaje desea. Pero en este caso, el joven que decía llamarse Adrián era verdadero, y yo, de aceptar la escritura del libro, no sería sino su autor vicario, una especie de escribano, que pondría la habilidad y el talento que pueda poseer al servicio de una experiencia o de una invención totalmente ajenas a las mías.

«Ni novela ni nivola», me dije. «Una especie de crónica.»

El sábado me olvidé totalmente del asunto. Estuve en el campo todo el fin de semana. Estoy muy satisfecho de haber conseguido que, tras varios años, se hayan reproducido los carpines que viven en un pequeño charco de mi fabricación, y durante todo el verano, separados los alevines del resto de sus congéneres, he fijado mi curiosidad en su comportamiento. Sin embargo, fumigaron el pinar contra la procesionaria, y casi todos mis alevines sucumbieron. Un incidente menudo, pero que me fastidió bastante.

Hacía una mañana soleada y salimos al monte a ver si encontrábamos alguna seta, y en un punto descubrimos esa redonda y blanquiocre empuñadura de bastón que simula ser la *lepiota procera* antes de que se expanda su sombrero, pero no la cogimos, porque íbamos a regresar por el mismo sitio y todavía no sabíamos si encontraríamos más setas que mereciesen la pena de una recolección. Pues aunque había llovido mucho los días anteriores, hasta el

Mushroom picking + they've disappeared!
(strange things in normal life)

L O S   I N V I S I B L E S

punto de que el manto de agujas del pinar era ya del todo
rojo, y los musgos estaban hinchados y brillantes, y el
arroyo resonaba con fuerza de torrente, nos parecía que
era aún demasiado pronto para la eclosión de esas *lepiotas*
que son los miembros más madrugadores del reino mico-
lógico, al menos en esa zona de la rampa de Valdemorillo.
Resultó que encontramos muchas, y varios robustos
champiñones, y llenamos la cesta. Sin embargo, cuando
regresamos alguien se había llevado la primera que habíamos visto, cortando limpiamente el pie.

En aquella parte del pinar sólo estábamos mi mujer y
yo. Escudriñamos la silenciosa ladera, pero nada se movía
entre los troncos inmóviles. Por fin nos pareció oír, cercano, ese chasquido de ramitas que producen las pisadas
entre la maleza, pero no pudimos ver a nadie y yo dije, en
broma, que acaso se trataba de un invisible.

El incidente me devolvió el recuerdo del asunto de
Adrián, y así fue cómo, dándole vueltas en la cabeza a lo
largo de aquel día y del siguiente, volví a ver claramente
lo que podía ser el libro, como en esos sueños en que escri-
bimos el más expresivo de los textos imaginables, con palabras precisas y tersas que se desvanecen en el mismo instante del despertar. Pero la figura, o mejor la esperanza del
libro, que tantas otras veces se desdibujaría y que ahora
mismo, a estas alturas, no acabo de entender del todo, se
mantuvo dentro de mí con la suficiente consistencia como
para que decidiese intentar escribirlo.

El domingo por la tarde hicimos una excursión a las terrazas de un río cercano. Siempre me ha maravillado el
abigarramiento de restos remotos que se pueden encontrar en este país con poco esfuerzo. Muy cerca de mi refugio campestre coexisten, casi en el mismo terreno, losas
probablemente ibéricas, infinitos fragmentos de loza visi-
goda, hornos de cal del siglo XVI, el pabellón de un caza-

dero del XVIII. Cada uno de estos fragmentos o ruinas me hace pensar en las personas que se afanaron para levantar las construcciones, desbastar las piedras o fabricar los cacharros. Y también en los esfuerzos de quienes desarraigaron de las sepulturas las losas que las custodiaban para acondicionar la tierra a las labores cerealistas.

Cuando toco esos restos imagino sobre todo las manos que manipularon el objeto original, y me parece sentir el tacto de una presencia invisible, como si los gestos físicos estuviesen todavía ahí, acabando de dar forma a la curva de una embocadura o afinando la arista de granito.

Quizá mi gesto al sopesar el trozo de teja o de jícara quede también impreso en el aire del lugar. Pienso que el porcentaje de materia orgánica humana mezclada con la pura tierra tiene que ser aquí altísimo, aunque ya nada podamos ver de tanto afán perdido.

En un lugar cercano al río alguien, en tiempos más recientes, hizo una enorme excavación circular, y el agua de una fuente cercana la ha convertido en una laguna que ya rodea el vigor de un cañaveral. Alguien puso también peces de colores en el agua, y ahora hay una nutridísima colonia. Gestos de gente invisible, como yo mismo seré invisible una tarde como ésta, esta misma tarde al fin y al cabo si no se considerase desde la perspectiva humana, dentro de muchos años, cuando alguien se acerque a la laguna pisando cascotes de viejas vasijas desmoronadas, pensando acaso lo mismo que yo pienso ahora. Ni siquiera puedo saber si ellos y yo estamos coincidiendo en planos diferentes del tiempo, invisibles los unos para los otros.

Adrián me telefoneó la mañana del martes y le confirmé mi propósito de intentar escribir el libro.

«No estoy convencido de que me guste cuando lo termine, pero voy a probar.»

«¿Y qué pasará si al final no le gusta?»

«Que irá a la papelera, y usted deberá buscar otra persona que lo haga.»

No puso reparos a lo que yo decía, y quedamos citados el siguiente lunes en mi casa, a las cuatro y media, porque era el día de la semana que nos convenía más a los dos.

«Yo creo que con que nos veamos dos o tres tardes será suficiente», dije yo.

Añadí que quería tomar notas de todo, y que me pondría a trabajar enseguida, para tener pronto un borrador completo y poder hacerme una idea de conjunto.

«Yo haré lo que usted disponga», repuso él, con tono de obediencia fervorosa.

El lunes previsto, a la hora en punto, Adrián estaba en mi casa. Apenas había yo cerrado la puerta cuando me mostró, con evidente solemnidad, una bolsita de cuero muy ajada, de aspecto realmente antiguo, y un cordoncito oscuro, de aspecto también viejo y raído.

«Aquí se guardaba el talismán», dijo, en un susurro. «De aquí colgaba.»

Desde el jueves hasta el domingo de la anterior semana yo había estado en Oporto, donde se celebró una especie de congresillo en que se habló de lo real y de la realidad, de lo cotidiano, de la identidad y del mito, y también del milenio que llega, como no podía ser menos.

Anoté algunas cosas en mi agenda. Un verso del poeta argentino Roberto Juarroz, fallecido no hace mucho, que dice que hay que asumir la parte de sí que hay en el no y la parte de no que hay en el sí. En cierto momento, alguien pronunció esa sentencia, no sé si de Oscar Wilde, *la reali-*

dad es más extraña que la ficción, y yo recordé mis recientes charlas con Adrián.

La realidad es más extraña que la ficción porque no necesita ser verosímil, anoté en mi agenda.

Otros debates me reafirmaron en la idea de que la li-- teratura intenta ordenar el caos del mundo, como lo intentan la política, la ciencia o la religión. Está a favor de la literatura, y de todas las artes, que sus modos son menos violentos y no tan irreparables. El laberinto, el otro, fueron también motivos de reflexión.

En algunos momentos pude recorrer algún rincón de esa ciudad de Oporto, granítica, de calles empinadas como costados de peñas, en que la azulejería abre la sugestión de súbitas transparencias entre la grisura pétrea de los pilotes y arbotantes. Oporto es otra hoz del Duero, recuerda algo de la aspereza de los *arribes.* Las movedizas diferencias de altura me permitían en ocasiones observar desde lo alto cercanos interiores de viviendas, en que las gentes se dedicaban a sus quehaceres sin percatarse de mi mirada furtiva. Perdido en la ciudad, ajeno a ella, inadvertido, ocioso mientras los demás se ensimismaban en sus ocupaciones, yo también me sentí invisible, y pensé otra vez en la fabulosa condición que decía haber vivido mi comunicante.

Pero hubo un incidente que adquiriría con el paso del tiempo un tono de familiaridad con la historia de Adrián, y que todavía despierta en mí cierta turbación. El día en que llegamos al hotel, algunas de las habitaciones que íbamos a ocupar no habían sido desalojadas aún. En la que le correspondió a otro de los participantes españoles había una gran maleta. Pertenecía a esa especie rígida, oscura, cuadrangular pero con esquinas redondeadas, que recuerda la forma de ciertos bivalvos, y su cerradura obedecía a alguna combinación de números. En un lateral figuraban las iniciales E.A.P.

El nuevo ocupante avisó en la recepción de la existencia de aquella maleta en su cuarto, pero ni aquel día, jueves, ni al día siguiente, pese a la reiteración de sus avisos, se llevaron el gran objeto. El sábado, la maleta, para un pequeño grupo de participantes, en las charlas del autobús y de los descansos, se acabó convirtiendo en un elemento estimulante de fantásticas e ingeniosas especulaciones. Por la noche, cuando un grupo más nutrido fue a contemplar, palpar y sopesar aquel objeto que los responsables del hotel seguían sin retirar de la habitación, alguien comentó que todo lo que se había hablado e inventado sobre la maleta derrelicta hubiera formado una crónica y hasta una ficción, y hasta hubo quien propuso escribirla. A mí, que había levantado y sacudido la maleta el día anterior, me pareció que aquella noche pesaba más y que su contenido era menos compacto.

Nos fuimos el domingo. Yo había desalojado ya mi habitación y devuelto la tarjeta de la cerradura magnética de la puerta, cuando recordé que no había recogido mis cosas de aseo. Me dejaron la tarjeta y subí a la habitación, para descubrir, nada más abrir la puerta, que la dichosa maleta estaba allí, arrimada a la pared. No se podía entender qué mano podía haberla trasladado a aquella habitación recién desalojada, que las camareras todavía no habían empezado a arreglar.

Más adelante, la historia de Adrián me haría recordar aquella maleta, y todavía hoy, mientras escribo esto, recobro con extrañeza la imagen de su presencia inerte, pegada a la pared sobre la moqueta oscura, casi con aire de no querer ser advertida, si esa actitud fuese posible en un objeto como ése, tan expresivo por otra parte de sentimientos que tienen que ver con la intriga de los viajes.

Pero vuelvo a Adrián. En Oporto había llovido pero no aquí, aunque había bajado la temperatura. Me pareció que Adrián andaba bastante ligero de ropa.

«Vamos a empezar desde el principio, y con orden», repuse yo, sin hacer caso de aquellos objetos que me mostraba. «Todo eso hay que ponerlo en palabras convincentes, y va a ser bastante difícil.»

Adrián empezó contando su paseo hasta el bosque, la noche de San Juan, pero yo le interrumpí. Necesitaba saber qué era lo que había sucedido antes, quiénes se habían reunido, cómo habían transcurrido los días precedentes a la reunión, qué había pasado exactamente aquella misma tarde.

«Vas a sufrir una transformación fabulosa, extraordinaria, que va a cambiar tu relación con todo, personas y lugares, de modo que tengo que conocer cómo era tu realidad más cercana.»

«¿Qué tengo que contarle?»

«Háblame de lo que te llevó allí.»

Se remontó entonces a los días anteriores al cumpleaños de su abuelo, y me pareció percibir que su viaje le había creado algunos problemas con su novia. Le pregunté por ello y me contestó, huidizo, que esos eran asuntos personales. Le contesté, con fastidio y severidad, que me lo tenía que contar todo, absolutamente todo, como si yo fuese una especie de confesor, o de médico.

«Luego, al escribir, haré con ello lo me parezca más conveniente, pero necesito tener la mayor información posible, de toda clase. Así que no me vengas con eso de los asuntos personales.»

En aquel encuentro hablamos mucho, aunque al final sólo me había narrado lo que sucedió el primer día, o mejor la tarde y noche primeras de su aventura, pero yo le había hecho bastantes preguntas que no estaban encaminadas solamente a conocer mejor los datos de la extraña aventura que él aseguraba haber vivido, sino a saber más del propio narrador, y me admiraba, como me admiro todavía, de no encontrar esos súbitos baches en el camino de la lógica o los deslices de la conciencia que deberían denunciar la debilidad de su razón.

Solamente se desvió demasiado hacia lo fabuloso al describir la extraña flor que decía haber encontrado en el bosque, y la evocaba con tanta certeza y meticulosidad que parecía estar hablando de algo real. Luego comprendí que aquella prolijidad en la descripción del objeto mágico era la señal segura de su desvarío, y cuando la referencia a la flor se convirtiese, más adelante, en motivo de desavenencia y hasta de discusión entre nosotros dos, comprendería que en aquel punto radicaba el fundamento mismo de su delirio.

Pero voy a procurar mantener en mi narración el mismo orden que yo le exigí a Adrián aquella primera jornada de nuestras entrevistas, cuando empezó enseñándome el saquito y la tirilla de cuero.

Estuvimos hablando mucho tiempo, y la reunión terminó cuando ya empezaba a anochecer. El cielo era turquesa hacia la parte del Bernabéu, y desde la ventana pude ver que Adrián subía a un pequeño coche rojo que había aparcado en la misma calle en que se encuentra mi casa, un poco más arriba del portal. En ese momento no había en la calle transeúntes ni pasaba ningún automóvil, y el desplazamiento del coche de Adrián parecía infringir ciertas leyes repentinas de inmovilidad y silencio que se hubiesen apoderado de la ciudad.

Aquella misma noche empecé a pensar en la forma más conveniente de escribir la historia de Adrián. La televisión hablaba del dictador chileno atrapado en Londres, y la angustia que acaso estuviese sintiendo el terrible anciano, por pequeña que al cabo viniese a ser, me reconfortaba. El orgulloso tirano estaba siendo obligado a atisbar lo que nunca quiso ver, a reconocer el bulto de lo que siempre despreció como invisible, mientras sus partidarios se desgañitaban en su país, mostrando al desnudo la imagen sin velos ni ocultamientos de una realidad crudamente cargada de todas las iniquidades del pasado. Siempre hay palabras mágicas, y parece que la de *transición* lo ha sido para facilitar coartadas que disimulan, disfrazan y hasta hacen invisible la supervivencia de las imposturas.

Con el viejo déspota retenido en la realidad y en la imaginación, me senté frente a mi escritorio dándole vueltas al punto de vista más adecuado para contar la historia de Adrián. Lo más sencillo era acudir a la primera persona, que siempre resulta tan accesible. Creo que, muchas veces, la primera persona suele utilizarse como un recurso instintivo para asegurarse la curiosidad lectora por lo que suena a confidencia, aunque no pueda justificarse por ninguna de las circunstancias de tiempo, lugar y forma que deberían hacerlo. En este caso, tratándose precisamente la historia de Adrián de una confidencia que él me hacía, a la primera persona no se le podría oponer ninguna objeción. Sin embargo, yo ya entonces tenía bastante claro que la segunda parte del libro, ésta que ahora estoy escribiendo, estaría escrita en primera persona, para dirigirme a ustedes con la suficiente naturalidad. Decidí, pues, contar la historia de Adrián desde la tercera persona, pero no con esa omnisciencia del narrador que parece caracterizar el modelo habitual, sino solamente desde la perspectiva de Adrián. Hablaría de Adrián en tercera persona, pero sin perder su punto de vista, y sólo serían expuestos sus pensamientos y juicios, y las acciones que llevase a cabo, o que pudiese conocer, o en las que participase. Creo que algunos estudiosos llaman a eso *tercera persona focalizada*.

Me empezaba a atraer la idea del libro, no sé si de un modo algo compulsivo, al creer que había encontrado un asunto concreto sobre el que por fin podía escribir largo y tendido, y me propuse preparar un borrador de lo que Adrián me había contado aquel lunes, e incluso tenerlo ya cuando él y yo mantuviésemos nuestra segunda jornada de charla, que sería el lunes siguiente. Tenía poco tiempo para hacerlo, y además mi trabajo estaría interrumpido por algunas incidencias, pues el martes debía presentar la antología de cuentos literarios que antes cité.

La mañana de la presentación de ese libro, yo fui el primero en llegar al Círculo de Bellas Artes. En la sala donde iba a tener lugar el acto no había nadie, y me quedé en el vestíbulo, con la incómoda sensación, que me sobreviene a menudo, de ser demasiado puntual. Mientras esperaba, hojeé las revistas que se amontonaban sobre una de las mesitas. El ascensor se detuvo en el piso, y supuse que ya empezaban a llegar los demás asistentes. Las puertas se abrieron, y pude ver que el ascensor estaba vacío, antes de que se cerrasen de nuevo y el aparato descendiese otra vez.

Ustedes dirán que esos movimientos que parecen erráticos son propios de todos los ascensores del mundo: alguien aprieta un botón, lo reclama, pero luego cambia de idea, sale en otro piso, o los circuitos de la memoria electrónica realizan repentinos reajustes. Eso mismo pensé yo. Pero muy poco tiempo después, me pareció oír en la sala un sonido de cristales, como si alguien estuviese moviendo los vasos y tazas preparados alrededor de la gran mesa para servir el desayuno.

Debía de haber alguien allí, pero la sala es grande, y mi primer vistazo había sido, sin duda, demasiado apresurado. Me acerqué a la sala y me sorprendió comprobar que no había nadie, tal como me había parecido cuando entré por primera vez. Se repitió entonces el sonido de cristales, pero no procedía de la sala, sino de alguna otra habitación cercana. Allí dentro era yo el único ser vivo. Sin embargo, la subida del ascensor vacío, el equívoco sonoro, todos los datos del incidente, me hicieron evocar la historia de mi curioso interlocutor.

Basta un poco de imaginación para que la realidad modifique su aparente neutralidad habitual. Queremos mirar sin desazón las cosas cotidianas que nos rodean, porque si nuestra voluntad no fuese ésa, comprenderíamos que podemos estar sitiados por un acecho incansable y atroz. Acaso el problema de Adrián era solamente ése, un cambio en su manera de ver las cosas, que de pronto le había hecho creer que era su propia corporeidad la que se había

visto afectada por la amenazadora posibilidad de metamorfosis que late continuamente a nuestro alrededor.

Pero continuaré con mi historia. El jueves, el viernes y
algunas horas del final de la semana, fui elaborando el
texto correspondiente al arranque del libro, la jornada en
que Adrián se vuelve invisible.

Reordené un poco la estructura familiar y me inventé
la relación entre el primo Fernando y esa medio prima,
Sara, que no existía en el relato original pero que me parecía sugerente para afianzar el sentimiento de amor y
separación que Adrián había confesado haber sentido hacia ella desde la adolescencia. Hice que aquella noche
Adrián evocase sus recuerdos de Sara, como consecuencia de sus riñas con la tal María Elena, y de su disgusto al
descubrir la avaricia de su padre y de los demás familiares en los últimos momentos del abuelo. Elaboré también
la escena en que Adrián es atraído por un fulgor misterioso en el bosque profundo, y al llegar allí sufre su transformación.

Redacté todo lo que toca a los posteriores y sucesivos
encuentros con la familia, que van anunciándole su nuevo
estado y, por último, ese paseo por el pueblo y la escena final en el autobús, alargando bastante lo que Adrián me
había descrito como un breve ensueño, para aumentar la
sensación de extrañeza del protagonista y su creciente sentimiento de pavor.

No quedé del todo satisfecho, porque me parecía que
el texto, en su arranque, respondía a un enfoque demasiado realista, y no estaba seguro de que fuese el más adecuado al progresivo desarrollo de la trama y su desvío fantástico. La manera de tratar una ficción en sus inicios suele
determinar fatalmente su porvenir. Claro que, para introducir la sugerencia del delirio, tenía la escena del bosque y
los primeros encuentros familiares con la voz sin cuerpo.

Era cuestión de seguir profundizando. El caso es que, la tarde del sábado, tenía unos veinticinco folios, en un borrador más o menos elaborado.

El domingo el tiempo estuvo tibio y disfruté de un largo paseo campestre, olvidado de mis esfuerzos con el testimonio del pretendido invisible, bajo un sol que ponía algo de vitalidad en el sosiego ya otoñal del monte.

Adrián llegó puntual el siguiente lunes, con su apariencia de chico reconcentrado y tímido. El tiempo seguía sin parecer propio del otoño, pero él traía puesto un chubasquero. Eran los primeros días de ese cambio horario que decreta el gobierno y que a mí me produce al principio la sensación fantasmal de que las horas de la jornada no acaban de ajustarse a las del reloj.

En un impulso que todavía no acabo de entender, y con la excusa de que conociese las primicias de mi trabajo, le di a leer los folios que había redactado. Los fue leyendo despacio, con atención, y en un momento de la lectura manifestó su desacuerdo sin disimulo.

Bebió un sorbo de agua, pues siempre escogía agua al ofrecerle yo de beber, apoyó la espalda en el respaldo, y fue la primera vez que le vi hacerlo, porque hasta entonces se sentaba con mucho envaramiento, el culo en el borde, las rodillas casi pegadas a la mesita, dejó los folios a su lado, y me dijo que lo del bosque, el hallazgo de la flor, le parecía muy incompleto.

«Muy incompleto», repitió, moviendo la cabeza con seguridad.

Le pedí que se explicase mejor. Me miró con hondura y en su gesto descubrí lo firme de su disentimiento.

«No se sabe muy bien lo que me pasa. Se habla de una iluminación blanquecina en el bosque, de un resplandor, pero no se explica de dónde provenía, cuál era exactamente el objeto que desprendía aquel resplandor.»

Entonces procuré adoptar un tono ligero, para que comprendiese que yo era el autor del texto, y que consideraba su crítica bastante accesoria, y argüí que la ficción novelesca debe apoyarse más en la sugerencia que en la pura descripción.

«Lo menos literario del mundo es un atestado de la guardia civil. El objeto que tú describiste, dentro de lo fabuloso, resulta demasiado concreto, y su detalle marcaría la novela, ya en sus inicios, con una utillería peculiar, más propia del género maravilloso que de lo que se llama una novela canónica.»

«¡Pero es que era así!», exclamó. «¡Es que era así, como lo conté, una flor extraña, con un largo tallo que sostenía una especie de corola con muchos pétalos triangulares! ¡Y usted tiene que describirla del mismo modo, precisamente para que ya desde el primer momento se conozca el ser, el objeto, o la planta, que causó mi invisibilidad! ¡Los invisibles que lean el libro han de identificarlo desde las primeras páginas, y los que no sean invisibles deben enterarse también claramente de qué se trata!»

En aquel momento yo lo miré con severidad, aunque en mi interior sentía más admiración que molestia por lo evidente de su delirio, y le pregunté si lo que pretendía era imponerme una manera de escribir el libro. Cambió de actitud y se mostró contrito, me pidió perdón, me aseguró que no quería interferir en mi labor. Pero no se daba por vencido:

«Creo que la descripción de la flor ha de figurar forzosamente ahí. Le pido que lo haga. No le voy a pedir ninguna otra cosa, se lo juro, pero esto sí. Diga cómo era la flor. Transcriba fielmente lo que yo le he contado.»

No contesté, y sobrevino un largo silencio. Él, al cabo, recogió los folios y continuó leyendo.

«¡Se ha inventado una historia amorosa entre Sara y el primo Fernando!»

En sus ojos no había esta vez enojo, sino un gesto de indefensa sorpresa.

«Quizá esa historia existió y tú no te enteraste. Quizá fue invisible para ti.»

No quise añadir que lo de Sara y Fernando me pareció apropiado para que la sensación de desgajamiento que me había confesado, sus pensamientos melancólicos, quedasen reforzados con cierta evidencia real de algo perdido, y además para siempre perdido, pues jamás lo había conseguido ni lo podría conseguir.

«Al fin y al cabo, si ya en la referencia a los escenarios y en los nombres de la gente tú no respetas la verdad, ¿por qué yo no me voy a permitir esas pequeñas infidelidades? Se trata de utilizar una historia real, a través de un testimonio que la disfraza, en un texto que debe parecer una ficción novelesca.»

«O sea, que va a salir un Adrián que no soy exactamente yo.»

Claro que aparecía otro Adrián, repuse, un Adrián de una realidad diferente de ésta, que es la literaria. Añadí que otro tanto me iba a pasar a mí cuando hablase de mí mismo.

«Hay gente que se empeña en que las novelas tienen que ser meros trasuntos de la realidad, pero los mundos de la ficción y de la realidad son independientes, y hasta irreconciliables, incluso a pesar de la voluntad del autor.»

No dijo nada más, y al terminar de leer me pareció complacido, dentro de su habitual falta de expresividad y a pesar del tajante desacuerdo que había mostrado en el episodio de la flor.

«Yo no me hubiera imaginado al tío Antonio pronunciando latinajos, pero no resulta increíble.»

La apreciación me pareció sincera, pero no dijo ni una palabra más a propósito de lo que yo había escrito, y preguntó, con apocamiento, si quería que continuase contándome su aventura.

«Adelante», repuse.

Aquella tarde, Adrián me contó lo que le había sucedido, siendo ya invisible, a partir del retorno a la ciudad en que residía hasta el momento en que, tras recuperar su automóvil, decidió marcharse a la costa.

Mientras escribo a mano el borrador de estas líneas, como acostumbro, mi gato ha ocupado la silla giratoria del ordenador y me mira. Su conducta me hace recordar la peculiar actitud que mostró respecto a mi interlocutor, pues desde el primer día en que Adrián visitó mi casa se subió a la mesita frente a nosotros y, sentado, se mantenía inmóvil durante toda la entrevista, y sólo dejaba de observar a Adrián en esos momentos en que los gatos, firmes sobre sus cuartos traseros, tuercen la cabeza para pasar su lengua sobre la parte más cercana al cuello, en un gesto que a mí me parece muy preciso y elegante. El gato observaba a Adrián como encontrando en él algo que yo no era capaz de ver, aunque Adrián, salvo en una ocasión, nunca dijo nada sobre aquel gato plantado muy cerca y que lo miraba con tanta fijeza. Era como si, por su parte, no advirtiese la presencia del gato. Es verdad que la ocasión a que he aludido iluminó un asunto un poco extraño, pero eso ya lo conocerán ustedes a su debido tiempo.

Lo sucedido desde el regreso de Adrián a su casa hasta la visita a aquel centro comercial me pareció plausible. Los diversos encuentros tenían sentido, y las reacciones de los personajes no parecían pertenecer al puro desvarío, de manera que pensé que todo debía de tener parte de certeza, que lo que Adrián me contaba era verdadero en cierta medida, aunque no podía imaginarme a qué podía obedecer la pretendida invisibilidad que estaba en el centro de la aventura.

El episodio del ciego me recordó a otros ciegos que yo conocí en mis tiempos de estudiante. Había uno, llamado Pepe, al que a veces le leía el capítulo de algún libro. Una tarde viví yo, en su compañía y la de otros ciegos, la misma oscuridad en que ellos están sumergidos. Nos encontrábamos en la habitación de Pepe y habían venido a visitarlo tres o cuatro compañeros de carencia. Sentados en la cama, en sillas, charlábamos. Era invierno, se fue haciendo de noche muy deprisa y yo veía cada vez menos. Mis contertulios fueron siendo sólo sombras, hasta quedar absorbidos por la negrura, y únicamente su voz seguía señalando su presencia. A ustedes les parecerá que aquella oscuridad se hubiera resuelto fácilmente para mí encendiendo la luz, pero yo sentía que mi iniciativa, que habría de ser detectada por ellos en el inevitable chasquido del interruptor, tendría un significado violento, al denunciar claramente la diferencia de una relación con la realidad que ellos y yo no podíamos compartir. Así que, al cabo, yo también estaba perdido en el abismo de la negrura.

Pregunté a Adrián si había vuelto a ver a Gerardo, y me dijo que sí.

«Por fin se fue de vacaciones con Felisa, y parece que se lo pasaron muy bien. Siguen juntos. Ella lo va a buscar todos los días. Se le nota mucho mejor arreglado, con las mejillas bien afeitadas y las camisas siempre limpias.»

«¿Y ese catedrático acabó echándote de la facultad?»

«¡Qué va! ¡El profesor Souto dice que le pasó algo en el

251

verano, que tuvo un ataque por culpa de una impresión muy fuerte, una aparición, un sueño! No lo ha contado del todo, pero parece que vivió una experiencia que le afectó mucho. No me echó a mí, ni a nadie. A veces pienso si, a pesar de todo, mi propósito de asustarle tuvo alguna irradiación eficaz, si él no llegó a ver de verdad al Vengador Académico.»

Después de que se hubo ido, repasé el fragmento que ya había escrito, donde se cuenta la pequeña excursión nocturna de Adrián, y cómo su atención es reclamada por la extraña claridad, aquella parte con cuya redacción él se había mostrado tan disconforme. Lo leí varias veces, intentando adoptar la posición de mi interlocutor.

No lo modifiqué entonces, pero acabé haciéndolo. Así que el texto que ustedes han leído responde con bastante fidelidad a lo que Adrián quería. Tal como fue desarrollándose su narración en las siguientes jornadas, acabé comprendiendo que mis pretensiones de mantener un tono de completa ambigüedad eran insostenibles, y reelaboré el fragmento de acuerdo con su voluntad, aunque no he podido dejar de introducir cierta indeterminación, una perplejidad en el personaje, para crear un clima de ensueño, para hacer menos clara y real la experiencia que sufre.

Me imagino que estarás conforme, cuando lo leas, si lo lees. Pero insisto en que, a pesar de todo, tiene demasiado de recurso, de *efecto especial*. No sé si los demás lectores estarán de acuerdo conmigo. En cualquier caso, ya saben ustedes cuál era mi verdadera intención originaria.

Entre la segunda y la tercera visita de Adrián trabajé bastante, y no hay más que ver las tachaduras y enmiendas del manuscrito, porque, como les dije, yo escribo a mano antes de pasar los textos al ordenador. Y recuerdo claramente la ansiedad con que lo hacía.

Lo de menos es que el original manuscrito que pone en forma de novela lo que Adrián y yo hablamos en aquella segunda jornada se componga de poco más de treinta páginas, llenas de correcciones y flechas que señalan al margen o al dorso de la hoja, y que indican las muchas vicisitudes del texto durante ese tiempo. Lo que importa, al menos para la presente narración, es que yo había entrado en una especie de frenesí.

Intentaba justificarme a mí mismo en el hecho de que, aquellos días, diversos asuntos interrumpían a menudo mi labor y tenía que hacer ese esfuerzo, siempre un poco costoso, en que se intenta recuperar un trabajo abandonado y encontrar el ritmo que se perdió, pero en realidad creo que era lo que estaba escribiendo la causa misma de mi desazón. Pues así como en el arranque de la historia que Adrián me contó se encuentra ese episodio de la flor tan extravagante, que parece sacado de algún cuento de hadas, todo lo de su reincorporación a la vida ordinaria y la respuesta que fue encontrando en sus allegados, y su vida errante por la ciudad, que me había parecido singularmente verosímil cuando me lo narraba, al escribirlo yo tenía también una suerte de palpitación convincente.

Me imaginaba los paseos de aquel desdichado por las calles de la ciudad, intruso en su propia casa, causando en sus familiares y conocidos el sobresalto de sentir el tacto de la pesadilla. Me lo imaginaba en el parque, sin cuerpo y sin sombra en medio de la perezosa quietud del verano, entre los rosales florecidos y los pájaros revoltosos, rumiando una desazón que nadie podía advertir ni consolar, o huésped furtivo de los hoteles, en esos pasillos donde los olores de la vida privada no acaban de ajustarse del todo al carácter público del lugar. Me lo imaginaba asistiendo con desesperada congoja a la intimidad de los demás, exiliado sin remisión de los posibles secretos que fuese capaz de desvelar.

¿Con qué me estoy metiendo?, pensaba yo, sorprendido de que la historia de Adrián, que tenía como pretexto sólo una alucinación, la confesión de una experiencia imposible, no dejase de mostrar, una vez convertida en un relato escrito, ciertos atisbos de verosimilitud.

Mi mujer advirtió enseguida mi desasosiego: «¡Qué mal duermes! ¡No paras de moverte! ¿Qué te pasa?», preguntaba.

«¡Estoy con esa historia, la del invisible, dándole un poco de forma a lo que me va contando ese chico!», explicaba yo.

«¿Y qué tal?»
«¡Ya lo ves! ¡A vueltas por dentro y por fuera!»

Menos mal que el fin de semana me descargué un poco de la obsesión de esa historia de Adrián. Octubre acabó con tiempo suave, y aunque el cielo nocturno estaba orlado de nubes, la luna seguía dándole a todo el brillo primaveral, un poco amarillento, del tiempo cálido.

Al día siguiente hicimos una excursión a dos enclaves ibéricos, Ulaca y La Osera. Era el día de Todos los Santos, y yo le conté a mi nieto que todas las culturas han celebrado el momento del ciclo solar en que se produce el regreso al tiempo originario, ese *tiempo entre los tiempos* que es el Año Nuevo. Para los celtas, el año renacía, regenerado, en estas mismas fechas. Al parecer, era un tiempo peligroso, en que inconcebibles bestias intentaban entrar en este universo a través de una de las siete puertas que lo comunican con el universo paralelo del caos y las sombras. Las bestias, quizá las mismas que luego soñó Lovecraft, no conseguían entrar aquí, pero sí los muertos, nuestros muertos.

De las viejas creencias, que tan arraigadas estuvieron, nos quedan por lo menos los huesos de santo y los buñuelos. En su forma, los huesos de santo hacen evidente el sentido simbólico. Tampoco es difícil imaginar la referencia visceral de los buñuelos. Mi nieto prefiere los huesos, y protestó por el reparto inicial, aunque luego se comió los que sobraron. Otros pueblos, como los aztecas, conmemoraban de modo parecido a sus difuntos, y por estos días México se llena de calaveras de azúcar. Acaso en los orígenes de todas estas fiestas, más allá de la celebración del reencuentro de vivos y muertos, haya oscuros banquetes rituales que es mejor no evocar. Pero no es malo que, aunque sea una vez al año, pensemos en la muerte para celebrar la vida, y hasta nos imaginemos a los esqueletos bebiendo, comiendo y bailando, como quiere cierta iconografía mexicana.

Ulaca se eleva en un paraje de granito que conserva el esqueleto borroso de las enormes defensas que la ciudad tuvo hace tantos cientos de años, entre esas grandes extensiones de roca uniforme que se llaman lanchares y los rotundos amontonamientos de peñascos que tienen también un sonoro nombre, berrocales.

Enfrió mucho, y el cielo estaba oculto por una nube compacta, lisa y gris como otro gigantesco lanchar aéreo. Las alturas cercanas reflejaban la aspereza del roquedal que domina el paisaje, y en la superficie parda del enorme valle, muy abajo, sólo destacaba el dorado de algunas pequeñas choperas y el blanco y rojizo de los caseríos de las poblaciones dispersas, que a veces hacía refulgir un rayo de sol errabundo.

No queda nada de las antiguas construcciones, salvo esas huellas de las murallas desmoronadas y ciertos restos inesperados de talla en alguna roca, aunque innumerables pedacitos de cerámica señalan, con su desfigurado mosaico, que hubo allí vida cotidiana alguna vez.

Vacas desperdigadas, un buitre sobrevolándonos cercano: esas eran las únicas imágenes móviles en un paisaje que sólo el fuerte aroma a cantueso y a tomillo parecen marcar con una señal segura de vida, siquiera vegetal. Cuando bajamos, me acerqué a un viejo jeep abandonado, para descubrir que alguien lo había llenado de paja, quizá para habilitar un refugio de pastor. Aquel espacio olía fuertemente a humo de tabaco, como si alguien acabase de fumar allí dentro, pero los alrededores estaban tan solitarios que la cabina vacía del jeep cobraba un aire extraño, en que convivían la intimidad y la ausencia.

En La Osera, los restos de murallas son mucho más evidentes y grandes, y hay estelas hincadas y túmulos que recuerdan el lugar de la necrópolis. Como el buitre en

Ulaca, allí nos sobrevoló un milano, que acomodaba su lento vuelo al ritmo silencioso del lugar, sólo quebrado por el esquilón de alguna vaca. Hablamos de los astronautas del Discovery, en aquellos momentos a tantos kilómetros por encima de nosotros. Muchas de las encinas, si no fueron conocidas por los habitantes del poblado, debían de ser ya viejas cuando Colón creyó encontrar las Indias por el rumbo occidental, y yo tuve que hacer un esfuerzo para hacerme una idea clara del tiempo que separa aquellos muros derruidos y la nave espacial. Pues sólo treinta abuelos se escalonan entre mi nieto y la gente que bebía agua de los cántaros cuyos fragmentos relucen allí entre la hojarasca y las oscuras y gordas bellotas.

También en La Osera aprecié la oquedad de una presencia muy cercana, una fuerte tos tras la muralla desmoronada cuyo emisor no fui capaz de hallar.

El Día de Difuntos amaneció gris y fresco. Dimos un paseo por el bosque y encontramos siete níscalos, siete. Como había concertado con Adrián que nos veríamos los lunes, hasta que terminase de contármelo todo, bajé del campo a primera hora de la tarde, y esperaba su llegada con algo de impaciencia.

Aquella vez vino con un poco de retraso.

No sé de dónde venía, pero siempre traía un aire de viajero, sugiriendo la idea de que para llegar hasta mi casa había recorrido el espacio suficiente como para no haber acertado exactamente con la ropa más apropiada para la jornada, que era demasiada cuando había templado y parecía de poco abrigo cuando hacía frío.

No sé si esperaba que yo le leyese el posible resultado de mi esfuerzo de la semana anterior. Si era así, no dijo nada, y yo no estaba tampoco dispuesto a hacerlo, para ahorrarme alguna discusión tan incómoda como la que se había suscitado a propósito de la dichosa flor. De manera que nos sentamos otra vez en el lugar acostumbrado, cada uno en el extremo de un sofá, perpendiculares nuestras rodillas. El gato saltó a la mesa y se sentó también, estableciendo el otro extremo de un triángulo, y Adrián comenzó a contarme el episodio de su aventura entre el momento en que descubre el centro comercial y la muerte de Iván Pordiosero.

Tengo que decir que, hace un par de años, en el último semáforo de Rodríguez Marín, por la zona donde vivo, hubo un mendigo alto, fornido, de mejillas rojas, que repartía entre los conductores hojas publicitarias de algún comercio del barrio y, a veces, unos panfletos fotocopiados, firmados por El Pobre Juan, en que se predicaba una pintoresca fraternidad cósmica. Pensé que la cercanía de los nombres y la similitud de las proclamas podían señalar la misma identidad del personaje, y aunque no le dije nada a Adrián, aquello me pareció un detalle más de autenticidad.

El personaje de Rosa también me interesó. Y desde el primer momento comprendí que Adrián y Rosa eran bastante distintos en sus respectivos comportamientos sociales y le hice explayarse sobre sus conversaciones y los viajes que Rosa contaba, sobre todo cuando conocí al detalle el papel providencialista de la muchacha con los inquilinos de la casa abandonada.

La imagen de los invisibles náufragos en uno de esos mercados que llaman «grandes superficies» no dejaba de tener su gracia, aunque en el episodio final de la sustración de las bolsas me pareció que Adrián rendía tributo a ciertas películas de acción a las que mi joven interlocutor parecía aficionado. Sin embargo, era admirable la seguridad con que lo contaba todo, en cada uno de sus pormenores.

En un momento se me ocurrió que Adrián era una especie de moderno Tomás Rodaja, cambiando la naturaleza de la manía del licenciado Vidriera, porque aparte de esa dichosa obstinación de la invisibilidad tenía el juicio claro y una envidiable capacidad verbal para inscribir con naturalidad lo imposible en lo real.

Al hablarme de Rosa recobró su recuerdo con tanta intensidad que se fue apesadumbrando, y en un momento interrumpió su relato y me miró con tristeza.

«No puedo encontrarla. Vuelvo al centro comercial los viernes, viajo hasta allí para quedarme hasta que cierran, y permanezco allí también los sábados, durante todo el día. Me pongo un escapulario de cartón que me he hecho. En sus dos caras pone *Rosa, estoy aquí, soy Adrián,* en letras mayúsculas. La gente me mira un poco como a un bicho raro, pero ella no aparece.»

Curiosa capacidad la de la imaginación. Yo no recordaba bien aquel poemilla de Antonio Machado que dice que todo amor es fantasía. Lo encontré luego, en el *Juan de Mairena,* y sus últimos cuatro versos dicen (del amor, naturalmente):

> *...inventa el amante, y más,*
> *la amada. No prueba nada*
> *contra el amor que la amada*
> *no haya existido jamás.*

De la misma materia de invención debía de estar hecha la tal Rosa, como en definitiva está hecho esto que ahora mismo escribo, fruto de un delirio ajeno, pero cuando Adrián terminó su relato me había comunicado su tristeza y me dio pena, no tanto por su posible locura como por lo mal que se encontraba al haber perdido a aquella chica de la que parecía tan enamorado, o el palpitar de su idea en su imaginación.

Pero el relato de Adrián aún no había completado todas las aventuras de su experiencia de invisible. Era preciso que celebrásemos por lo menos una entrevista más.

Yo tenía algunos asuntos que me obligaban a viajar, y apunté el 16 de noviembre, quince días después, como posible fecha, aunque le pedí algún teléfono para avisarle, si no me era posible atenderle aquel día. El admirable rigor de su manía, cargada de lógica, apareció otra vez con precisión. No me daría ningún número de teléfono, ninguna dirección, porque yo no debía conocer nada verdadero sobre él, para evitar que, un día, pudiese verme enredado en sus problemas. Él me telefonearía unas fechas antes de la cita, para saber si habría de cancelarse o no.

Con algunas interrupciones, durante los días siguientes continué trazando el borrador de lo que podría ser la historia que me contaba Adrián convertida en una ficción. Tenía otras cosas que hacer, y no sólo esa novela que seguía esperándome en su carpeta, pero el asunto del invisible reclamaba mi atención con mucha fuerza, porque en su versión literaria se presentaba un indudable reto, el de convertir el testimonio de Adrián, lleno en el relato oral de un sentido que venía apoyado por la fe del narrador y el tono convincente de su voz y sus énfasis gestuales, en una historia que, escrita, resultase mínimamente plausible, pese a lo absurdo del argumento.

Madrugaba más que de ordinario. Antes de desayunar y de asearme me sentaba unos minutos, hojeando con avidez las páginas escritas el día anterior. Me aplicaba a la redacción del relato con un ardor que parecía producto de alguna insoslayable exigencia de la que dependiese algo mucho más importante que el garabateo nervioso y lleno de titubeos de aquellos folios. Creo que nunca he escrito de ese modo, convencido de que sólo al final de mis esfuerzos encontraría la luz suficiente para iluminarlos todos ellos, como si se tratase de un camino que tenía que recorrer a oscuras.

Porque era ir a oscuras, a ciegas, incitado sólo por la curiosidad hacia aquel testimonio tan exactamente formulado de algo que no correspondía al mundo de la vigilia ni de la cordura. Acaso el comprender que toda ficción ocupa un espacio en el terreno de los sueños y del delirio, hacía que me obstinase tanto en completar la crónica de aquella alucinación ajena.

Un breve viaje al otro lado del océano iba a interrumpir otra vez mi trabajo. Decidí copiar en el ordenador lo que había escrito a partir de la jornada en que Adrián se convierte en invisible, imprimirlo y llevármelo al viaje para releerlo todo en la distancia, lejos de mis lugares habituales, de modo que pudiese compaginar la extrañeza de los escenarios con la rareza del texto. Como libro de viaje y cabecera, escogí esa antología poética de Fernando Pessoa que hizo Ángel Crespo y que se titula *El poeta es un fingidor.*

Me parece conveniente que les explique a ustedes por qué escogí precisamente ese libro para mi breve viaje.

El tiempo había ido pasando, y me correspondía ya escribir uno de esos artículos con los que, mensualmente, colaboro en la revista de que he hablado antes. La novela que yo iba a comentar en tal ocasión trata de un escritor que escribe una novela, un tema ya bastante conocido en el campo de lo *metaliterario*. En el caso del libro a que me refiero, como suele ser habitual en este género de obras, se entrecruzan el relato que el escritor escribe y su propia peripecia, marcada en este caso por ciertas conversaciones y discusiones con un colega.

En un momento de la discusión entre los dos escritores, se traen a colación unos versos de Pessoa:

> *¿Y si no fuéramos en este mundo nada más*
> *que plumas y tinta*
> *con las que alguien escribe realmente*
> *lo que garabateamos aquí?*

Intenté localizar los versos en los libros que tengo del poeta, pero no los encontré. Sin embargo, hallé estos otros:

...Yo no sé lo que soy.
No sé si soy el sueño
que alguien en otro mundo está teniendo...

y ese de Ricardo Reis que dice:

Somos cuentos contando cuentos, nada.

El viejo tema del soñador soñado, tan cercano al del dormido despertado, estaba en el meollo del juego de subsidiaridades que aquel libro planteaba. Pero al hojear los poemas de Pessoa, descubrí que nunca había leído el preámbulo de la antología que publicó Ángel Crespo hace unos años. Y decidí llevármela conmigo. Ustedes saben que los viajes en avión están llenos de tiempos muertos, esperas e intermedios.

La ciudad que visité, uno de esos lugares del mundo en que se congregan en el mismo paraje la miseria de muchos y el despilfarro de unos cuantos, es tropical, sucia, con una vitalidad huraña. La rodean los verdes brillantes de una vegetación que cubre los montes cercanos, en cuyas faldas se escalonan sin orden las casas de los pobres. Su centro es un enorme conjunto arquitectónico, que reposa sobre un laberinto de hormigón armado, repleto de guardianes.

El país estaba en elecciones, y a la tensión social cotidiana se añadía lo azaroso de unos resultados que podrían hacer que ascendiese al poder el partido de un candidato populista, tachado por sus adversarios de visionario y antidemocrático.

En una parte de la ciudad hay casetas de libros viejos, con algunas estanterías de alambre olvidadas al sol y a la lluvia en que los libros expuestos se han convertido en objetos escultóricos, *instalaciones* sobrevenidas que algún artista contemporáneo no desdeñaría firmar. Compré allí una antigua antología de cuentistas rusos, como lectura complementaria, pero en las largas horas de desvelo nocturno a que me condenaba el atraso horario descubrí que apenas conocía la realidad del desmesurado sueño de Fernando Pessoa.

En los innumerables personajes en que Pessoa se soñó y se inventó fragmentado está su universo literario, pero hubo también, al margen de sus personajes, en un plano diferente al de su creación, un Pessoa profeta y esotérico, no sé si ocultista, levantador de horóscopos, para quien la realidad estaba llena de señales secretas.

No releí las páginas del testimonio de Adrián, absorto en la relectura de los poemas del genial portugués desde una emoción que nunca había sentido antes.

En el viaje de regreso, con una escala inesperada que lo alargó penosamente, recordé el testimonio de Adrián y, a la luz de mi nueva comprensión de Pessoa, se me ocurrió pensar si no estaría yo haciendo una interpretación superficial, una lectura obtusa, de su testimonio. Acaso la historia que Adrián me estaba contando, la adquisición de su invisibilidad, las distintas peripecias de su aventura, no significaban lo que a mí me parecía estar entendiendo con tanta claridad, y requerían cierta mirada abierta a lo esotérico.

Tengo en mi biblioteca algunos libros sobre la filosofía oculta, los sueños y los símbolos, pero varios de ellos siempre se han mostrado para mí demasiado abstrusos. He intentado aproximarme a la historia de Adrián a través de los símbolos. Acudí primero a ciertos diccionarios especializados. Empecé por la montaña, y esa breve ascensión con que dio comienzo su aventura. Busqué lo referente a la luna, a los bosques, a la invisibilidad, a tornarse invisible.

Intenté descubrir referencias simbólicas en los distintos objetos, espacios y personajes, la flor, el mercado, la compañera infiel, la madre, el padre, la mujer acogedora, el ciego, pero apenas encontré indicios de algo que me sirviese de un modo razonable. Desde el lenguaje simbólico, la Flor Azul es el símbolo legendario de lo imposible, como la Rosa lo es de la perfección. ¿Y qué? Lo único que saqué en limpio, al pensar en el centro comercial, es que tales lugares están llenos de cosas, de objetos, pero como dice Cirlot, el simbolismo de los objetos depende de su naturaleza. En cuanto al tema del Cazador, para los chinos la caza enloquece, pero para los egipcios limitaba el desorden de lo salvaje. Mi gato, por ser negro, sería símbolo de las tinieblas y de la muerte. Rosa, la invisible, vendría a completar con Adrián una suerte de díada, que yo podría interpretar si supiese lo que puede significar el propio Adrián.

Salvo el mar, fuente y final de la vida, un símbolo que despierta normalmente dentro de cada uno de nosotros estímulos de euforia o de acabamiento, aunque no sepamos nada de simbología, todo en la historia de Adrián es para mí impenetrable desde esas claves. De manera que, si su historia tiene alguna lectura secreta, a mí se me escapa totalmente.

En mi búsqueda, topé con la referencia a varios magos de la filosofía oculta, y entre ellos Aleister Crowley, Noveno Grado de la Orden de los Templarios Orientales, que, según cuenta Ángel Crespo en ese prólogo del que les hablo, se reunió en Lisboa con Fernando Pessoa. Llegué a descubrir que la invisibilidad tiene que ver con el *sol niger* de los alquimistas, y también encontré, en un libro que traduce textos de magia en papiros griegos, un par de fórmulas para volverse invisible, ambas basadas en conjuros que se complementan con ciertos ungüentos elaborados con ojos de lechuza, pelotas de escarabajo y aceite de mirra verde, entre otras materias. Les diré a ustedes que no he probado su eficacia, sobre todo por la dificultad para hacerme con los ingredientes.

Los resultados de mi excursión al mundo escrito de lo oculto fueron infructuosos, acaso por mi pobre bagaje conceptual para internarme en esos territorios tan resbaladizos y brumosos.

Mis esfuerzos fallidos por entender la historia de Adrián con otras claves distintas de las de la pura lógica me han hecho reflexionar en mi poca preparación para acercarme al misterio. Insisto en que no estoy hablando de metafísica sino de la propia envoltura de la vida, ese tejido también invisible y extraño que los asuntos cotidianos nos hacen olvidar hasta que topamos con la muerte como un mal sobresalto.

Tal vez la actitud de estar atentos solamente a la más palpable apariencia de la realidad sea una de las carencias de nuestro imaginario, a pesar de nuestra pretendida religiosidad histórica, y aunque a veces nos ufanemos de ello como de una virtud. Pero ese es también otro asunto.

Después de mi regreso, Adrián me telefoneó un par de veces para confirmar la fecha de nuestra última reunión, que al fin tuvo lugar cuando habíamos previsto. La jornada había sido soleada, pero el tiempo se hizo mucho más fresco, y el día anterior, en el campo, habíamos podido observar bandos de grullas que dirigían hacia el sur sus formaciones entre graznidos, alrededor de cincuenta una vez, y unas treinta en otra ocasión.

Encontré a Adrián cariacontecido, y me dijo que su abuelo había muerto al fin, y que su breve estancia en la vieja casona le había resultado terriblemente turbadora.

«Mi tía Paula se ha puesto a conversar todas las mañanas con las cenizas de su madre, que guarda en una urna, en su dormitorio. Ha nevado ya mucho en las montañas, y sopla un viento helado.»

«Tienes que animarte, hombre», le dije, por decir algo.

«Comprendí que mi niñez y mi adolescencia habían muerto también. Que hasta ahora permanecían conmigo, con toda su rareza, como esos objetos que ya no forman parte de nuestra vida diaria pero que seguimos conservando a la vista, en la estantería. Comprendí que quedarían allí, en el nicho del abuelo, y que no ocuparían ya ningún lugar en mi vida.»

Añadió que había descubierto en todas las cosas esa repentina condición provisional que adquieren cuando nos damos cuenta de que ya no vamos a verlas más, o que no van a estar relacionadas con nosotros con la familiaridad que ha ido depositando en el recuerdo un denso sedimento de costumbre, esa disposición a sentirlas fijas, invariables, la vieja casona donde de niños tanto habían jugado, con el enorme espejo del vestíbulo, las altas camas y los armarios vastos como edificios para la medida infantil. Hasta el paraje montañoso, transformada la imagen de reducto inmenso y misterioso que se había conservado en los recuerdos de la infancia, empezaba a presentar su gigantesco y cercano encrespamiento como una barrera hostil.

«Lo siento. Si quieres, lo dejamos para otro día.»

«Tampoco he encontrado a Rosa. Del entierro del abuelo viajé directamente al centro comercial. Nada. Pero he venido para acabar de contarle la historia. ¿Lleva ya mucho escrito?»

A pesar de todo, en su mirada quedaba todavía bastante de aquel niño que él creía haber enterrado con su abuelo.

«He estado de viaje y mañana me voy otra vez por ahí, pero a partir del próximo fin de semana voy a dedicarme sólo a escribir este libro», dije yo, buscando la manera de animarle un poco.

The cat : un doble.

No contestó. El gato no se había subido a la mesa, sino al sofá frontero al lugar que él ocupaba, pero lo miraba con esa atención fija que hacía pensar que podía descubrir en él algo oculto para mis ojos.

«Así que tiene dos gatos», dijo Adrián, manifestando por vez primera, con tan extraña declaración, que se había percatado de su presencia.

Me sorprendió mucho aquella observación, pero resultó que era atinada, y el incidente pertenece al florilegio de hechos raros que tuve ocasión de vivir aquella temporada. Por la noche, después de que Adrián se hubo ido, comprobé que, aunque su apariencia física era casi idéntica a la del mío, con el mismo pelaje y color de ojos, aquel animal era sin duda otro diferente, o mejor otra, una gata, nunca por mí antes descubierta, de cuerpo un poco más pequeño, con un mechoncito de pelos blancos entre las patas delanteras, que ha debido de suplantar a mi gato en algunas ocasiones, cuando al regresar a Madrid desde el campo los domingos, a última hora de la tarde, he echado mano del único felino visible y cercano, y lo he guardado sin contemplaciones en la jaula que utilizo para el transporte.

Un inesperado caso de dobles, que nunca han coincidido a la vez cerca de nosotros, y que nadie de la familia había advertido.

Aquella tarde, Adrián me contó la última parte de su aventura como invisible. Insisto en la espontaneidad con que narraba los sucesos sorprendentes de aquellas jornadas. El relato de su recientísimo viaje al pueblo del abuelo para enterrarlo, la expresión de su tristeza ante la casa donde fallecían también los recuerdos, con el último familiar perdido en sus propios delirios, no disonaba del otro relato, tan fabuloso.

Reproducía fielmente sus conversaciones con Rosa, y en ellas la muchacha resultaba un poco redicha, pero a mí me interesaban las cosas que decía, y cómo las decía, y procuraba tomar buena nota de todo ello.

A veces, sus comentarios suscitaban en mí ciertas objeciones. Es cierto que vivimos en un mundo en que casi todo puede ser conocido, y que sin embargo sospechamos que la mayoría de las cosas realmente importantes permanece oculta, y nunca se esclarece del todo. Pero también es cierto que a menudo no vemos lo que no queremos ver.

Los campos de exterminio nazis fueron invisibles para los contemporáneos más cercanos. Ni en los mismos pueblos vecinos de los hornos crematorios quisieron enterarse de lo que pasaba. Aquel horror era invisible porque la gente no quería verlo. Hay muchas cosas que la gente no ve porque no quiere. No le echemos la culpa de todo a la televisión. Acaso lo que pasa es que la tele nos deja ver lo que de verdad nos apetece, como una especie de espejito mágico de nosotros mismos, contando con nuestra complicidad.

Adrián rememoró los días con Rosa a la orilla del mar. Aquella comunidad de invisibles con que toparon, y que había elegido para su vejez el sitio al que van muchos ancianos, me pareció curiosa, y hasta plausible.

En el episodio en que Alfonso habla de la ciencia, las explicaciones sobre la flor de San Juan tenían indudable justificación, al menos informativa, aunque yo no recogí todo lo que Alfonso dijo, para no sobrecargar la historia de Adrián de unos elementos que podían descompensarla demasiado hacia lo fantástico.

«Alfonso conocía la flor, porque se había dedicado a estudiar ciertos cuentos antiguos y leyendas populares que contienen expresiones de lo mágico. Nos preguntó si no habíamos oído hablar nunca de la flor de San Juan.»

Fue entonces cuando Adrián identificó con claridad las viejas leyendas que le contaban de niño sobre los misterios de la noche de San Juan.

«¡La flor de San Juan!», había exclamado, «¡la flor que nos hace invisibles! Donde yo me crié se hablaba de la flor de San Juan, como se hablaba de las janas de cabellos de oro que hilaban en las fuentes, o de un duende que era un ojo y que vivía dentro del erizo de una castaña, o de las mujeres que se volvían gatos por la noche, o del culebrón puesto en el cauce de los ríos para detener la corriente. También se hablaba de la flor de San Juan».

272

«Lo demás serían cuentos, pero eso sí que ha resultado verdad, y ya sabéis para lo que sirve», había dicho Alfonso.

«¿Entonces la flor de San Juan no pertenece al mundo fantástico, de las hadas y los trasgos?»

«No digo eso», había respondido Alfonso. «No hay que olvidar que el asunto de la posible invisibilidad del ser humano es muy antiguo. Ya Platón habló del rey de los lidios, Giges, que encontró en una tumba un anillo con la virtud de hacer invisible a quien lo llevaba. Y en la *Ilíada* sale una capa que origina la invisibilidad. Pero la realidad de nuestro mundo es mucho más compleja de lo que vamos sabiendo. Tal vez no sea una flor, sino un instrumento de una tecnología que no podemos imaginar.»

Como ustedes comprenderán, nada de eso podía incorporarse al texto de la historia razonablemente, o se caería sin remedio en el terreno de los relatos maravillosos.

Sin embargo, lo que me sorprendió mucho fue la alusión a una Ciudad Invisible. Yo intuía que en su invención podía estar alguna de las claves secretas del propio misterio, y me sorprendía lo poco que el asunto parecía haber interesado a Adrián. Cruzó mi recuerdo una canción de Pessoa, la primera que incluye y traduce Crespo en su antología:

> *A veces, y el sueño es triste,*
> *en mis deseos existe*
> *lejanamente un país*
> *donde ser feliz consiste*
> *solamente en ser feliz.*

Y no sé por qué, en la canción me pareció encontrar una señal que, aun siendo oscura, podía iluminar esa ciudad que sólo un invisible había llegado a entrever y cuya búsqueda no parecía haber atraído a ninguno más de los afectados.

Intenté seguir hablando de aquella ciudad, pero el des conocimiento que Adrián mostraba de ello me acabó pareciendo tan sincero como su desinterés. Entonces volví a confirmar lo que se me había ocurrido la primera tarde en que Adrián me resumió su historia. Ya no tenemos capacidad para afrontar con sutileza lo indescifrable que pueda ocultarse detrás de las puras evidencias de la realidad. Adrián decía haber gozado de un don extraordinario, y ni siquiera en la vivencia plena de su alucinación había querido barruntar el posible destino final de su metamorfosis, un lugar adecuado a su condición, aquel en que su estado dejaría de ser absurdo.

Luego llegamos al punto en que aparece el Cazador, que no me gustó nada.

Ya la primera vez que me lo había contado, en nuestra entrevista inicial, cuando me hizo el resumen de su aventura, el tema del Cazador me había escandalizado. En la nueva ocasión, y considerando el objetivo de convertir el relato de Adrián en un libro que tuviese verosimilitud en cuanto ficción, con todas las restricciones fantásticas que debía acarrear, el asunto me incomodaba todavía más.

«Adrián, eso del Cazador me parece un poco disparatado», le dije, y me miró con aspecto de no comprender.

«La aparición de ese elemento llevará el libro al género de aventuras», añadí. «¡Un cazador de seres humanos, aunque sean invisibles, vestido de Robin Hood! No puede darse tal quiebro en la trama. No se pueden dar esos bandazos, pasar de hablar de los problemas del hambre en África a esa cacería de película de Mad Max, o de un Predator al revés. Es como si metiésemos un rock en mitad de un adagio. El libro tiene que responder a una línea homogénea.»

Fue la única vez que lo vi enfadarse. En el caso de la flor de San Juan, defendía unos matices del texto que le

What can be in fiction + what can be in life?

parecían imprescindibles para la comprensión del caso. Pero lo que yo dije del Cazador pareció sacarle de quicio. Hablaba con mucha vehemencia.

«Yo creía que la literatura podía ser más flexible que la vida, y resulta que usted quiere hacerla aún más rígida. Si en la realidad los hechos que suceden son muchas veces azarosos, y no tienen coherencia, ni se sujetan a la lógica ¿por qué pretender lo contrario en la literatura?»

«Precisamente porque la literatura no es la vida.»

«No lo entendería aunque se tratase de hechos inventados, pero yo le estoy narrando sucesos reales, verdaderamente experimentados por mí. No puedo entender sus objeciones. Si estuviésemos en la facultad, le diría que me suenan a academicismo anquilosado. Una ficción no puede tener menos derechos que la realidad.»

«La realidad es el caos, y la ficción es lo contrario del caos», dije yo.

«Esa es su opinión», repuso.

«Y está el problema de la verosimilitud», insistí, tajante. «Ese es el talón de Aquiles de las ficciones. Por medio del lenguaje, o de la trama, por la gracia del texto o por el mundo que sugiere, una ficción, ante todo, debe resultar verosímil para quien la lea. La realidad no es verosímil, simplemente es, y en ella pueden suceder disparates y anomalías que la ficción difícilmente tolera, y cuando lo hace es sólo gracias a la habilidad del narrador.»

«Yo le estoy contando algo real. Ponga usted la habilidad necesaria», contestó entonces.

Era una impertinencia, pero su indignación le daba autoridad. Bebió un poco de agua, pareció devolver al gato por unos segundos la fijeza del mirar y recuperó el tono sosegado que era habitual en él.

«Por lo menos, deje que le cuente lo que nos dijo Raimundo.»

Me tranquilizó su repentino apaciguamiento, y le pedí que continuase.

«Al parecer, a principios del siglo trece, pero puedo equivocarme, porque no estaba yo como para aprender una lección de historia, aquel papa Ugolino, el que puso a los dominicos al frente de la Inquisición, concedió una serie de privilegios para luchar contra las fuerzas del mal. Entre ellos, el de cazar invisibles, por creer que estaban en relación con las potencias diabólicas. Los íncubos y súcubos que por las noches asaltaban lujuriosamente a mujeres y hombres, serían gente invisible. La familia del Cazador habría ejercido su privilegio durante muchos años. Alguien entre los concurrentes señaló que los viejos invisibles, los ya muertos, hablaban de que existió antiguamente el Cazador, pero que había desaparecido muchos años antes. Raimundo continuó diciendo que, por lo que fuese, en un momento del siglo pasado se interrumpió la tradición en la familia. El Cazador le contó que una generación de sus antepasados había perdido la memoria histórica, así lo dijo, porque se habían hecho liberales. Cosa de los enfrentamientos civiles del diecinueve.»

«¿Y cómo reapareció el Cazador?», pregunté yo a mi pesar, porque la invención había despertado mi interés.

«Gracias a la red informática, a Internet, él había localizado el registro de la bula papal y lo había podido relacionar y contrastar con ciertos documentos que acreditaban el privilegio familiar. Según él, recuperar esa tradición era otra forma de normalización histórica. Añadió que se estimaba gran cazador de animales salvajes, y que pretendía llegar a ser gran cazador de invisibles. Para él, los invisibles seguían siendo entes monstruosos.»

¿Qué iba a decir yo? En la firmeza de su convicción, por lo cuidadosamente urdido de su delirio, cabían la flor de San Juan, el Cazador, el Talismán y todo lo que rodeaba el mundo de los invisibles, que sin duda tenían esa sustancia de ciertas ensoñaciones viejas como la palabra humana, y que han inflamado la imaginación a través de muchas culturas.

En el caso de Adrián, la leyenda había germinado dentro de él con verdadera fuerza, y el producto fluctuaba en la frontera de la alucinación, pero con fuertes ataduras en la vida de cada día. No hice más objeciones, y tomé nota de todo lo que me contó, descubriendo las verdaderas intenciones del tipo que Adrián había llamado Poldo, y lo que medió hasta el momento en que Adrián recuperó su condición de visible y no pudo reencontrar a Rosa.

Sin embargo, un punto quedaba por resolver, a mi juicio, y era el de ese Poldo atado y abandonado sobre el cadáver del hijo del Cazador.

«¿No has considerado que dejasteis en libertad al mejor instrumento de ese cazador de que me hablas?»

Apretó los labios un instante, sin mirarme.

«Claro que me di cuenta. Pero ¿qué íbamos a hacer? ¿Tirarlo por el acantilado? ¡Claro que me di cuenta! ¡Y a veces pienso que acaso ande por ahí suelto, deseando vengarse! ¡Por eso corre tanta prisa publicar ese libro!»

No pude remediar decirle otra cosa que se me había ocurrido, a propósito del tal Poldo:

«Pero ese Poldo conoce el número de los pétalos de la flor.»

En la mirada de Adrián había una mezcla de disgusto e impaciencia, pero se limitó a resoplar y a apartar los ojos. Habló por fin, con tono inseguro:

«Quiero pensar que el Cazador tiene que haber relacionado a Poldo con la muerte de su hijo, y con la desaparición del talismán, y que las cosas entre ellos habrán cambiado mucho. Quiero pensar que Poldo tendrá suficientes problemas con el Cazador como para no acordarse de la comunidad. Por lo menos, durante una temporada.»

Los dos sabíamos que aquella había sido nuestra última entrevista. Su rigurosa crítica de mis opiniones literarias le había desazonado a él mucho más que a mí, y se le notaba inquieto.

«No quise molestarle», dijo, pesaroso.

«No me has molestado», respondí. «Uno de los motivos para que siga trabajando en ese texto va a ser comprobar si tengo razón o no, si pueden sucederse sin estridencia tantas cosas fabulosas en un territorio que debe dar señales de la más estricta realidad.»

«Entonces ¿va a continuar escribiéndolo?», preguntó, y vi que se animaba un poco.

«Claro que voy a seguir, a ver qué pasa.»

«Yo le tengo que entregar el mensaje cifrado. No crea que es fácil, le estoy dando muchas vueltas al idioma original que voy a usar, y luego a los signos, y a la clave.»

«Ten cuidado, no lo llegues a complicar tanto que no lo puedan descifrar ni siquiera tus antiguos compañeros», le dije, procurando que mi ironía no trasluciese.

En sus jóvenes ojos hubo un parpadeo, pero enseguida se reafirmó en una más de sus inquebrantables convicciones:

«Lo descifrarán, estoy seguro. No se imagina usted cómo es Alfonso.»

Estábamos ante la puerta y se demoraba un poco.

«Se lo enviaré por correo. Ya no nos veremos más.»

Abrí la puerta y esperé con paciencia que decidiese marcharse.

«¿Cómo sabré que va a escribir el libro?»

«Si lo escribo, puede estar en las librerías de aquí a un año, más o menos.»

«¿Y si no lo escribe?»

«Llámame en un par de meses, y te prometo que te daré la respuesta definitiva.»

Pero aún lo vería una vez más. Primero tuve que hacer algunos nuevos viajes, para presentar otro libro, el que evoca los tiempos de mi infancia en la ciudad en que me crié.

Ustedes pensarán que son demasiados viajes y demasiados libros en un lapso de tiempo tan corto. Lo cierto es que las cosas fueron así, o casi así, porque ni en lo de los libros ni en lo de los viajes se lo he acabado de contar todo. Tal acumulación de sucesos reales confirma esa idea que les he expuesto, de que la ficción, incluso la que utiliza los asuntos mediante la exageración y el distorsionamiento, requiere ajustarse a un equilibrio de tiempos y hechos ajeno a la coincidencia y al estricto desarrollo de los acontecimientos verdaderos.

También a lo largo de ese período ocurrieron otras cosas importantes: los etarras anunciaron una tregua en su sangrienta desmesura, un huracán terrible asoló la América Central, el presidente de los Estados Unidos amenazó severa-

279

mente a Irak con nuevos bombardeos. Todo eso ha formado parte de mi realidad y de la de ustedes, y de alguna manera ha gravitado sobre el espacio desde el que escribo, pero no les he hablado de ello. Sin embargo, como esta historia concreta que les estoy contando no pertenece a la ficción, no tengo más remedio que referirme a ciertas acumulaciones casuales de hechos en mi realidad más cercana, en mi propia experiencia, que pueden parecer desproporcionadas cuando se cuentan.

Por fin acabaron mis viajes y me dediqué a poner en orden el resto del testimonio de Adrián, con la intención de terminar ese primer borrador cuya finalización me parecía imprescindible para poder juzgar el sentido de la historia que él me había contado. Así, y con la misma desazón de los demás días en que me he dedicado a escribirla, un poco desvelado, madrugando más de lo habitual, emborroné y taché manuscritos hasta perfilar una primera redacción del relato que me pareció aceptable.

Cuando lo hube copiado, impreso y releído, seguía pensando que la historia de Adrián sólo podía encontrar su verdadero sentido cuando viniese a rematarla esta segunda parte, donde intentaría mostrarla como una especie de sueño, o delirio, convertido por su forma más o menos legendaria en el simulacro de una ficción, incluso aunque no fuese capaz de desvelar su posible sentido esotérico o secreto, si es que lo tiene.

Así, los precedentes reales de la escritura del libro, mis entrevistas con Adrián, mis perplejidades y dudas al ir escribiendo el relato, integrados sueño y vigilia, delirio y cordura, realidad e invención, mediante el instrumento unificador de la escritura, quedarían equiparados en ese *no-lugar* que es la imaginación literaria, donde pueden convivir en armonía los habitantes más contrapuestos.

Habían transcurrido acaso otros quince días desde la última vez que nos habíamos visto, cuando Adrián me llamó. Era ya el final de una tarde en que soplaban ráfagas de viento. La mañana de aquel día había caído en la ciudad algo de aguanieve, y atravesaba el norte de la península un temporal con temperaturas muy bajas. La voz de Adrián era jubilosa.

«¡Encontré a Rosa, por fin!», exclamó. «¡Estaba en el centro comercial!»

«¿Qué le había pasado?», pregunté yo, sorprendido.

«¡Tardó en llegar, pero llegó! Yo le traía a usted el mensaje cifrado, pero antes me acerqué por allí, como de costumbre, con mi escapulario. ¡Y, de repente, sentí su mano y oí su voz!»

«Me alegro», le dije, y no por pura cortesía, porque pensaba que aquel desenlace, verdadero o imaginado, debería aliviar su enajenación.

Añadió que estaba en la ciudad, de camino hacia el lugar donde esperaba que Rosa recuperase su forma visible, pero que antes quería pasar por mi casa para dejarme el mensaje.

«Estaré ahí en media hora, más o menos», añadió.

«Bueno, ven», le dije, sin aceptar a gusto aquel reencuentro con un delirio del que llevaba tantos días intentando alejarme mientras lo transformaba en el simulacro de una ficción. Pero sentía otra vez mucha curiosidad.

«¿Puedo subir con Rosa?», preguntó, después de un evidente titubeo, «a ella le gustaría mucho saludarle».

«¿Por qué no? Subid los dos.»

«Ya sabe que ella es todavía invisible.»

Me sentí tonto, por haberme descuidado ante la persistencia implacable de su alucinación.

«Entonces, acaso sea mejor que ella no suba.»

«Mire, vamos a hacerlo como es debido. Yo le avisaré cuando lleguemos al portal, y usted tendrá apagadas todas las luces de casa.»

«De acuerdo», repuse al fin, sintiéndome del todo vencido por la firmeza de tanto desvarío.

Aquella tarde mi nieto había venido a casa, pero se encontraba en el piso de arriba, jugando con el hijo de unos vecinos. Mi mujer tampoco estaba, e iba a llegar muy tarde de la facultad.

Les confieso a ustedes que yo me sentía bastante fastidiado por haber permitido que el tal Adrián introdujese su locura en mi propia realidad de una manera tan agresiva, por encima de la pura oralidad que, hasta entonces, había sido el único vehículo del dislate. Mas, por otra parte, como les he dicho, sentía dentro de mí bastante curiosidad, esa curiosidad un poco ávida, perversa, casi regocijada, que acaban despertando las ocurrencias y acciones delirantes, y que no deja de escandalizarme cuando la recuerdo.

Sonó al fin el telefonillo del portal e identifiqué su voz. «Aquí estamos», dijo, «¿quiere abrirnos el portal?».

Apreté el botón que desbloquea la entrada al edificio.

«Y no se olvide, por favor», me recomendó por el telefonillo su voz, adelgazada y metálica. «Todo tiene que estar a oscuras. A oscuras.»

«De acuerdo, no te preocupes.»

En el mismo momento en que lo decía, decidí que no iba a cumplir del todo aquella promesa. Tendría el recibidor de mi casa en total oscuridad, pero una vez que hubiese abierto la puerta de entrada, me retiraría un paso, lo suficiente como para colocarme junto a un mueble sobre el que se encuentra una pequeña lámpara, preparado para encenderla cuando me pareciese oportuno. Yo no podía prever lo que pudiese ocurrir con el delirio de Adrián a partir del momento en que encendiese la lámpara, pero la tentación resultaba demasiado fuerte, y hasta llegué a pensar que iba más allá de la curiosidad morbosa, y me convencí de que entraba en la necesidad de ampliar mis conocimientos, nunca del todo satisfechos, sobre lo diverso y sorprendente de las conductas humanas.

Oí el ascensor acercarse a mi piso, y luego el chasquido de las puertas. Llamaron al timbre de mi casa, apagué la luz y abrí. Que Adrián es un tipo previsor y avisado lo demuestra el hecho de que también las escaleras estaban sin luz, y hasta la iluminación de emergencia había quedado desconectada. La oscuridad era del todo impenetrable, como se solía decir en las novelas antiguas. Entonces oí la voz cercana de Adrián.

«Buenas noches.»

«Pasa», repuse, mientras retrocedía hasta tocar con mi espalda el borde del mueble.

«Aquí está Rosa», dijo Adrián.

En aquel momento sentí una mano en el torso, buscando la mía, y percibí un aroma como a colonia de lavanda, y escuché una voz femenina, agradable, con cierto indefinible tonillo dialectal, en la que parecía latir una franqueza profunda, llena de cordialidad.

The light bulb doesn't turn on. on.

«Soy Rosa», dijo la voz, «y me encanta conocerle. No sabe usted lo que le agradezco todo lo que está haciendo por Adrián».

No supe qué responder.

«Yo tengo aquí un sobre con el mensaje», dijo la voz de Adrián, y sentí el tanteo del objeto, que acabé recogiendo.

Tenía la mano izquierda puesta en el conmutador de la lámpara, pero mi propósito empezó a flaquear. Qué demonios, pensé, y moví la palanquita del conmutador.

«¡No encienda la luz!», exclamó Adrián, al oír el chasquido.

También hay ocasiones en que lo verdadero y lo ficticio se ponen de acuerdo. En aquel momento, la maldita lámpara no se encendió. Suele estar muchas horas iluminando el vestíbulo, y las bombillas se consumen con cierta rapidez. La fatalidad, en este caso real pero a la vez literaria, quiso que la dichosa bombilla fallase en aquel preciso momento.

«¿Qué le había pasado a Rosa?», pregunté yo, no sin hacer un esfuerzo por recuperarme del fracaso de mi intento, que me había acarreado cierta tensión nerviosa.

«Al no encontrarme, después de algunos días volvió con Eloína y Alfonso. Cambiaron enseguida de casa, y ella se quedó con ellos. Eloína se puso muy enferma, y Rosa permaneció a su lado, ha estado cuidándola hasta que la vieja se repuso.»

«Luego regresé al centro comercial, imaginando que Adrián acabaría por buscarme allí», añadió la voz de la muchacha.

Seguí plantado en medio de la oscuridad frente a sus voces, sin saber qué decir, con una sensación intensa de ceguera.

«Ya no vamos a molestarle más», dijo la voz de Rosa. «Adiós. No le olvidaré nunca.»

Sus brazos me abrazaron, sus labios buscaron mi rostro y sentí su beso sobre mis propios labios.

Cerraron la puerta. Intenté percibir sus sombras a través del pequeño visor, pero todo seguía a oscuras. Sonaron las puertas del ascensor, y luego el ruido que anunciaba su descenso. Me resolví entonces a seguirles, y tras coger las llaves de casa bajé deprisa por las escaleras.

Cuando salí del portal, Adrián iba por la calle solo, acera arriba. En la dirección contraria bajaban otros transeúntes, y entre ellos había una muchacha que dobló la esquina de la calle Bolivia. El viento era muy frío. Seguí a Adrián. Al parecer, había dejado el coche junto al paso de peatones que cruza Víctor Andrés Belaúnde. El coche estaba vacío, pero él abrió primero la portezuela de la derecha, como para facilitar el paso de alguien cuya figura no se podía apreciar con la vista. Luego, tras sentarse en el asiento del conductor, volvió el rostro hacia el espacio del otro asiento y, mirando algún punto del aire, pronunció unas palabras, alzó el brazo derecho, hizo el gesto de rodear con él unos hombros y acercó los labios al lugar que debía ocupar una mejilla, antes de encender el motor y alejarse. Los coches aparcados junto a la acera me impidieron ver la matrícula.

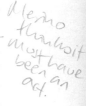

Yo les cuento a ustedes lo que vi. Claro que todo debió de ser una simulación, providencialmente protegida por el fallo de mi lámpara. Adrián y Rosa se separarían al salir del portal y, tras su pantomima, Adrián, apartado ya y lejos de mí, detendría el coche para que subiese la Rosa corpórea que sin duda existe, pues yo la oí y percibí su presencia. Todo esto me dicta la razón. También la razón me hace recordar el énfasis con que la voz de Rosa me había agradecido *todo lo que estaba haciendo por Adrián,* como corroborando mi seguridad en lo certero de su locura. Pero yo nunca llegué a verla, y he querido transcribir meticulosamente lo que sucedió, para que ustedes tengan suficientes elementos de juicio.

Añadiré que el sobre contenía un folio con un conjunto de signos ordenados en diez o doce líneas. Ni letras, ni guarismos, sino esas diminutas figuras geométricas que ustedes van a ver enseguida, algunas simples y otras resultado de las combinaciones de las anteriores, formando sucesivos agrupamientos.

Hay algo que debo hacer observar, y es que los signos me recordaron ciertas imágenes que había encontrado durante los días anteriores, al repasar los libros sobre esoterismo y filosofía oculta. Lo comprobé, para descubrir que, en efecto, los signos repetían las figuras geométricas y extrañas que con fines mágicos dibujó el mago Francis Barrett a principios del siglo XIX, y otras de ese esquema denominado *La Gran Atalaya de Oriente*, que realizó el estrambótico brujo moderno Aleister Crowley aprovechando la lengua «enoquiana» que inventara el doctor isabelino John Dee, con otros signos de origen geomántico.

Aunque apenas soy capaz de descifrar los jeroglíficos o las charadas de la prensa, hice un breve intento para desvelar la clave, atribuyendo a cada signo una letra del alfabeto, primero en el orden normal y luego en el inverso, pero estas pruebas, y otras sucesivas, y hasta la tentativa de barruntar si el pretendido mensaje estaba en otra lengua distinta del español, como el latín, las demás lenguas románicas peninsulares, el francés, el inglés o el italiano, no dieron ningún resultado inteligible.

Conservé el mensaje en el sobre, comprendiendo que, si terminaba este libro alguna vez, el mensaje debería constituir su remate. El mensaje no sólo justifica técnicamente todo lo anterior, de acuerdo con mi idea de lo que una ficción debe aparentar en su forma, sino que además cumple exactamente el propósito de Adrián que, sea cual sea su causa, es un elemento fundamental del pacto que me hizo un día empezar a escribir este libro.

Desde entonces, el sobre con el mensaje ha venido acompañando al resto de los manuscritos e impresos que con-

servo en la carpeta de cartulina donde, con rotulador amarillo y letras mayúsculas, escribí en su día LOS INVISIBLES.

Los papeles crecieron, y la carpeta tuvo que repartir su
contenido con otra, a un lado lo manuscrito y al otro lo impreso. Ambas han adquirido esa calidad de sobado que
sólo se consigue tras muchas horas de manipulación, y la
de los textos impresos acabó desplazando a la otra en el
uso habitual, aunque ambas han estado siempre cerca de
mí, hasta el punto de acompañarme al campo los fines de
semana.

Y por fin di también remate al borrador del texto en
que, a manera de crónica, he ido narrando mis encuentros
con Adrián y el verdadero relato de cómo me contó su historia.

Y cuando concluye el libro al que he intentado dar la
apariencia de una ficción, como tercera parte incluyo el
mensaje de Adrián.

III

El mensaje

Ya les dije a ustedes que esto no era una novela ni una *nivola*, aunque en ocasiones lo haya podido parecer. Si fuese una novela, el recurso del mensaje, que no habría sido yo el primero en utilizar, sería oportuno y hasta divertido, y aquí figuraría, inventado por mí. Y si fuese una *nivola*, yo conseguiría localizar a Adrián, puesto que sería solamente un personaje, invención mía al fin y al cabo, para que reprodujese el mensaje. Pero este libro no es una ficción, yo no puedo saber dónde está Adrián, y he perdido el mensaje que me entregó aquella tarde.

Acaso tuviese él razón cuando me decía que la novela debe aceptar esas deformidades y emergencias que la vida presenta, frente a mi opinión de que la novela está obligada a guardar ciertas proporciones y a mantener determinados equilibrios. El caso es que este libro termina como lo hace, no por los designios de mi imaginación, sino por la propia fuerza de los sucesos reales.

Ahora tengo que relatarles a ustedes el hecho que vino a demostrar ese aspecto impredecible y deforme de la realidad.

Guardo mi coche en el garaje subterráneo de una plaza cercana a mi casa. Aquella tarde habíamos vuelto del campo muy cargados, y me detuve a la puerta de casa para depositar allí la jaula del gato y las demás cosas. Dejé en el coche mis papeles, para traerlos yo mismo después de aparcarlo en el garaje, lo que no deja de ser una manía. En aquella ocasión me despisté, y aunque recogí el ordenador y una bolsa con la vieja carpeta de gomas, no advertí que, separada de la bolsa, quedaba en la trasera del coche la otra carpeta, con el texto del libro en una copia impresa y el sobre con el famoso mensaje cifrado.

Lo advertí nada más llegar a casa, pero como era de noche me dio pereza volver al garaje en aquel momento. Lo hice al día siguiente, a primera hora, nada más desayunar. No voy a decir que había tenido una premonición infausta, pero lo cierto es que me encuentro desasosegado cuando los papeles de aquello en que estoy trabajando no están reunidos cerca de mí, como la gallina ve con inquietud la dispersión de su prole.

En ese garaje no ha habido un solo hurto desde que se construyó, hace varios años. Sin embargo, aquella noche alguien había conseguido burlar la vigilancia, y había abierto algunos coches de la última planta. A uno le faltaba al parecer la varilla de medir el aceite, con la que descerrajaron la portezuela del mío. Sólo faltaba la carpeta con el texto impreso y el mensaje cifrado. No me digan ustedes qué interés pudo despertar en el ratero, o rateros, aquel conjunto de papeles. Busqué en la plaza, en las calles cercanas. Rebusqué en las papeleras. No encontré ni un solo rastro.

Ustedes podrán imaginar lo que supuso para mí la pérdida del mensaje cifrado. Como les he dicho, el extraño mensaje que me había entregado Adrián debía ser el lógico colofón del libro, cuando después de haber copiado todo el manuscrito en el ordenador, la primera parte con la historia de Adrián y la segunda con mis comentarios, y haberlo releído y corregido lo suficiente, estimase que podía ser publicado. Sin aquel mensaje, el libro perdía una materia fundamental en su estructura, un elemento sobre todo físico, pues como mensaje les aseguro a ustedes que era lo suficientemente críptico, ya en su mero aspecto, como para invitar a muy pocos a intentar desentrañarlo.

Sin mensaje, es decir, sin ese papelito que el libro debería encerrar, como las botellas arrojadas a la desesperada a las olas, dirigido al conocimiento final de unos destinatarios concretos, el conjunto de páginas que yo había venido redactando perdía una pieza sustancial.

Me obsesioné tanto con la idea, que empecé a sopesar la de abandonar de una vez el libro y volver a la novela en que durante tantos meses he estado trabajando sin demasiado fruto. Además, en ciertos momentos me encontraba considerando seriamente que, sin mensaje, los invisibles nunca podrían conocer la manera de recuperar su corporeidad natural, como si fuese verdadero todo lo que Adrián me había contado. Hasta tal punto me había dejado envolver en las sugestiones de su relato a través de mi obstinada reelaboración.

Esas consideraciones y visiones, que la lucidez hacía desmoronarse de inmediato, me llevaron a pensar en Adrián. Él había dicho que me llamaría por teléfono para conocer mi decisión final. Esperé su llamada. Esperé inútilmente. Los días fueron pasando, Adrián no volvió a telefonearme, y lo que él me había contado y yo escrito, con lo referente a mi propia narración, quedó sepultado entre otros papeles.

A principios de año comencé a colaborar en una emisora de radio, componiendo un cuento cada martes sobre una noticia del día, y ese compromiso semanal transformó mi lectura de la prensa, tiñendo la despreocupada insolvencia con que normalmente me he venido acercando a las gacetillas, en una curiosa avidez que acaso forme parte de cierta disposición periodística. Luego apareció mi nuevo libro de relatos, con las pequeñas incidencias editoriales y de difusión que acompañan a cada publicación, y al fin olvidé la historia de Adrián y de los invisibles.

No me volví a acordar del asunto hasta una mañana llena de sol de los primeros días de abril, en una playa del sur, entre grandes peñascos volcánicos. Un caminejo de tierra desemboca en una pequeña meseta, y luego un brusco talud separa la meseta de aquella playa, una playa de piedras rojizas, en que yo me encontraba. Un par de conductores osados había llevado sus vehículos hasta el borde mismo del talud, y despertó mi atención el chato morro y el gran parabrisas de una furgoneta blanca que de repente divisé allá arriba. El olvido de Adrián fue sustituido por una rememoración instantánea, porque junto al asiento del conductor permanecía una figura inmóvil, que desde donde yo me encontraba parecía un gran monigote con bigote y boina, con las manos posadas sobre el aro de un enorme volante.

Me calcé y me encaminé al sendero, pero mientras ascendía escuché el ruido de un motor y, una vez arriba, solamente pude adivinar el bulto de la furgoneta, que se alejaba entre un pardo remolino de polvo.

La visión me devolvió las alucinaciones de mi joven confidente. El nuevo cambio horario me hizo sentir otra vez ese desajuste interior que facilita la intuición de no estar tan desarraigados como creemos de algunos ciclos naturales. Otros acontecimientos favorecían mi extrañeza: las imágenes de los bombardeos sobre Yugoslavia, de los fugitivos de Kosovo, que nunca eran tan atroces como la información verbal que las acompañaba. Yo imaginaba los destrozos de las bombas inteligentes vistos de cerca a la luz del día, y esas inmensas multitudes invisibles, huyendo bajo el frío, acosadas no sólo por sus implacables perseguidores sino por las necesidades cotidianas elementales, que no podían atender. La televisión, que puede ser tan explícita y hasta obscena en algunos programas de confidencias cara al público, administra con cautela determinadas visiones del horror.

Esa constatación de lo invisible me ha hecho recordar nuevamente al pobre Adrián, entre una primavera revuelta y fría, que no acaba de ser del todo lluviosa ni del todo templada, y que nos rodea como una indeterminación no solamente climática. En el campo, como en la ciudad, se mantiene el aire invernal, con cielos cargados de nubes pizarrosas y lentas, y todavía no he visto entrar a las grullas.

Empieza el mes de mayo. No puedo imaginar lo que haya podido sucederle a Adrián, pero decido añadir este texto a los otros dos y, tras repasar el conjunto, empezaré a actuar para que el libro pueda ser publicado, aunque el mensaje principal que contenga, ya sin cifra ni enigma alguno, no será para los anónimos invisibles de la historia que me contó Adrián, sino para él mismo, que comprobará que este libro aparece sin el dichoso mensaje.

El mensaje es que no hay mensaje.

Para prevenir resultados tan azarosos como este, no he querido cruzar nunca la frontera que separa la realidad de la vida de la realidad de la literatura, y menos implicándome yo mismo en la aventura. Pero he de añadir que, como ustedes comprenderán, si este libro fuese una verdadera ficción, no podría terminar de la forma en que lo hace.

ÍNDICE